일상을 귀엽게, 생활 자수 소품

다섯 가지 기본 스티치로
천과 종이에 수놓기

가와바타 안나 지음
정인애 옮김 | 김예원 감수

미호

안나의
메시지

자수 작가로서 활동을 시작하기 전
몬테소리 유치원에서 3년 간 선생님으로 일했던 적이 있습니다.
그때, 여자 아이들에게 특히 인기가 많았던 것이 종이 자수였어요.
초심자가 더욱 재미있게 자수를 즐길 수 있는 방법이 없을까 생각하던 때
그때의 경험이 떠올랐습니다.
그 경험을 따라 도안을 만들었던 것이 이 책의 시작이었습니다.

천에 자수를 놓는 것과는 다르게 종이에 구멍을 뚫어가면서 수를 놓는 종이 자수에서는
활용할 수 있는 스티치의 종류가 한정적입니다.
하지만 그 제약이야말로
새로운 디자인을 탄생시키는 계기가 됩니다.
종이와 실이라는 이질적인 재료를 조합해나가는 새로운 경험.

이 책에서 소개하는 도안은 종이와 천, 어디에도 적용할 수 있습니다.
하지만 사용하는 스티치는 단 5가지.
먼저 쉽게 구할 수 있는 것에 수놓아보고,
자수의 즐거움을 맛볼 수 있다면 저는 그것으로 무척 기쁩니다.

CONTENTS

5 STITCHES

이 책의 작품은 모두 5가지 스티치로 만들었습니다.
작품에서 사용한 스티치는 페이지 번호 아래에 표시되어 있습니다.

— 백 스티치 — 스트레이트 스티치 — 레이지데이지 스티치
— 프렌치너트 — 스파이더웹로즈 스티치

page

자수를 시작하기 전에

Small Motif

작은 원포인트 모티프

HOW TO MAKE > p.52

간단한 스티치를 반복해서 수놓는 것만으로
사랑스러운 모티프가 하나둘 탄생해요.
스티치를 몇 개 조합하면
귀여운 꽃 모티프 완성!

메시지 카드 & 브로치

HOW TO MAKE > p.53

펠트에 원포인트 자수를 놓아서 동그랗게 자르면
귀여운 브로치가 순식간에 완성됩니다.
메시지 카드에도 스티치를 더해보세요.

Flower Shop

a

b

꽃가게

HOW TO MAKE > p.54, 55

은방울꽃과 양귀비, 아네모네, 튤립.
천을 겹쳐 수놓는 대신 종이를 겹치면
다양한 형태로 꽃을 표현할 수 있습니다.

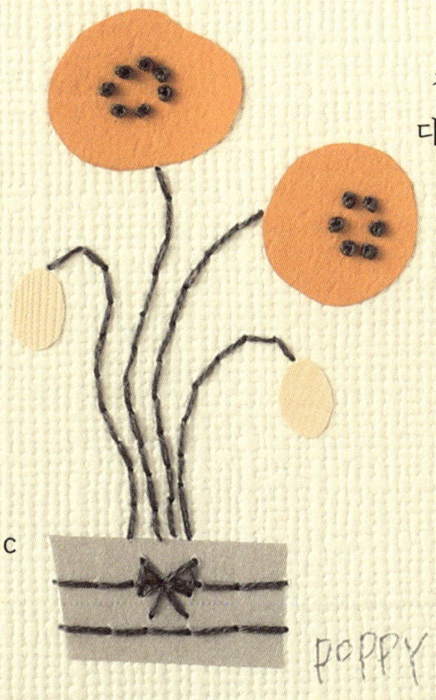

c

d

북 커버

HOW TO MAKE > p.56, 57

아네모네와 은방울꽃을 조합하여 북 커버에 수놓았습니다.
베이스로 쓸 종이를 책에 맞춰 자르고 밸런스를 봐가면서 스티치의 위치를 정합니다.

10

Dandelion

민들레 샘플러

HOW TO MAKE > p.58

꽃잎은 레이지데이지 스티치,
꽃의 솜털은 스트레이트 스티치와 프렌치너트를 혼합했습니다.
특징에 맞춰 스티치를 사용하면 표현이 풍부해집니다.

손수건

HOW TO MAKE > p.58

심플한 하얀 손수건에
원포인트 자수를 놓았습니다.
같은 도안이라도 잎이나 줄기의 색을
조금씩 바꾸는 것만으로 인상이 확 바뀝니다.

Gift from the Forest

숲에서 온 선물

HOW TO MAKE > p.60

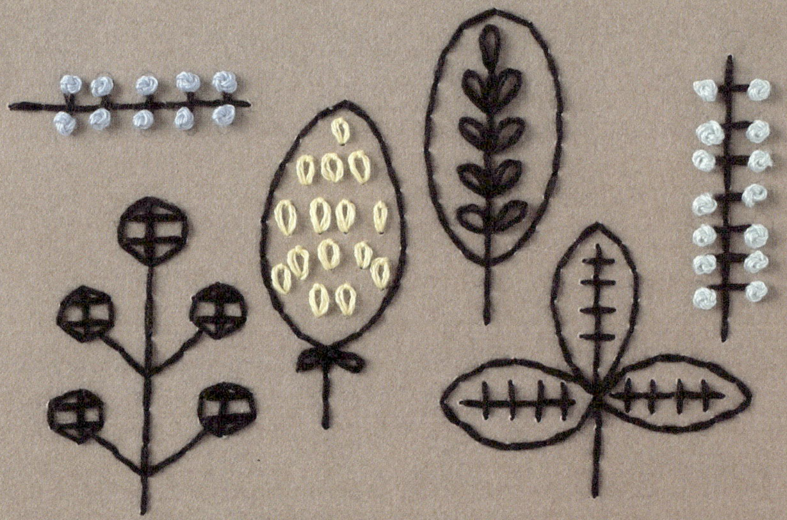

산책을 하다가 발견한 잎사귀나 나무 열매를
표지판처럼 줄 세워 보았습니다.
도안을 생각할 때는 곡선을 최대한
적게 사용해 단순화하면 귀여워진답니다.

핀 쿠션

HOW TO MAKE > p.61

컬러 린넨에 수를 놓아서 작은 핀 쿠션을 만들어보았습니다. 걸어둘 수 있는 끈을 붙이면 오너먼트나 마스코트로도 활용할 수 있습니다.

a b c d

Rose &
Corn Poppy

a

장미와 양귀비 연속 패턴

HOW TO MAKE > p.62, 63

b

가는 선의 시크한 분위기인 꽃 모티프를 2가지 색으로 스티치.
같은 도안을 위아래 교대로 반복해서 수놓으면
연속 패턴으로 즐길 수 있답니다.

키 케이스

HOW TO MAKE > p.62

개양귀비를 3가지 색으로 어레인지.
다정한 색감의 컬러 린넨에
차분한 톤의 수를 놓으면
우아한 느낌이 물씬 납니다.

Botanical Motif

보태니컬 모티프

HOW TO MAKE > p.59

들판에 피어난 풀꽃을 스케치해서
1가지 색 자수 샘플을 만들었어요.
6가닥으로 볼륨을 내고 부분적으로
3가닥을 사용해 강약을 주었지요.

색실로
원포인트 스티치

p.16의 도안을 하나씩 뽑아서
3가닥으로 스티치 했습니다.
실의 색을 2~3가지 이내로
사용하는 것이
세련된 분위기를 내는
비결이랍니다.

Flower Collection

플라워 컬렉션

HOW TO MAKE > p.64

잎과 줄기를 격자로 배치하여 그 가운데에 다양한 종류의
작은 꽃 모티프를 하나씩 수놓았습니다.
마음에 드는 도안을 골라서 원포인트 자수로 수놓아도 멋지답니다.

a b c d e

리본

HOW TO MAKE > p.65

작은 꽃 모티프를 한 줄로 반복해서 연속 패턴으로 만듭니다.
리본이나 리본 테이프에 수놓아서 챙 있는 모자에 감아도 멋집니다.

Early Summer Wreath

초여름 리스

HOW TO MAKE > p.66

신록의 한가운데를 날아다니는 잠자리.
그런 산뜻한 초여름의 정원을 이미지화했습니다. 옅은 초록색의 종이를
리스 모양으로 잘라 공간을 메우듯이 수놓습니다.

선물 포장

p.20의 도안에서 모티프를 따와서 랜덤으로 배열했습니다.
하얀색 실로 포근하고 다정하게 수를 놓아 소중한 사람에게 선물합니다.

Column

식물 모티프의 공상 도감

1 p.25의 도안 중 일부를 뽑아서 종이에 수놓았습니다.

2, 3 들판에 핀 청초한 은방울꽃과 제비꽃. 모노톤으로 수놓아서 수채 물감으로 색칠했습니다(만드는 방법은 p.67).

4 p.36의 꽃 모티프를 다른 배색으로 스티치했습니다.

5 p.32의 야생화를 3가지 색으로 수놓았습니다. 파스텔 톤 특유의 포근하고 상냥한 느낌.

6 p.16의 잎사귀 모티프를 펠트에 스티치. 하얀색과 페퍼민트 그린 색을 상큼하게 배색했습니다.

7 p.20의 잠자리를 컬러 린넨에 수놓으니 한층 더 매력적인 분위기가 되었습니다.

어렸을 때 꿈속에서 보았던 식물 도감. 과학실 한켠에 있던 광물 표본. 도감이나 표본은 어른이 된 지금 들여다보아도 왠지 가슴이 두근거리니 참 신기합니다. 이 책에 등장하는 식물 모티프를 천이나 종이에 수놓아 상자에 담아보았습니다. 여러분도 가까운 자연에서 찾은 모티프를 수놓아 자신만의 공상 도감을 만들어보세요.

House & Tree

북유럽 길거리의 나무와 집

HOW TO MAKE > p.68

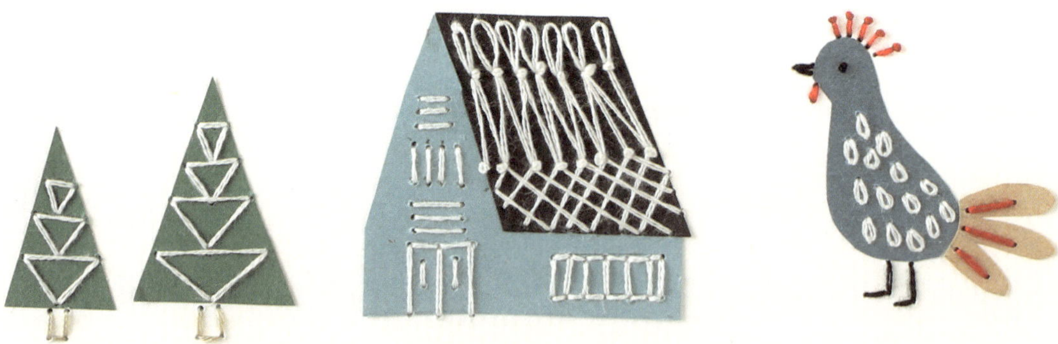

녹음이 우거진 유럽의 한가로운 풍경을 상상해보았습니다.
무늬가 있는 귀여운 포장지를 같이 배치했습니다.

Scandinavian Summer

북유럽의 여름

HOW TO MAKE > p.69

여름의 초원을 떠오르게 하는 초록색 린넨에 북유럽 모티프를 배치해보았습니다.
펠트를 겹쳤더니 더욱 입체감이 살아났습니다.

원포인트 모티프 코스터

HOW TO MAKE > p.70, 71

b

a

꽃잎과 잎사귀의 면을 선으로 표현했습니다.
스티치의 조합을 아주 조금 바꾸는 것만으로도
베리에이션이 다양해집니다.
2가지 색을 사용하면
어른스러운 분위기를 낼 수 있답니다.

c

e

d

Summer
Vacation

여름 휴가

HOW TO MAKE > p.72

수영복과 샌들, 비치 백.
즐거운 여름의 추억을 담아보았습니다.
색칠공부처럼 색종이를 각 부분의 모양으로 자르고
그 위에 자수를 배치했습니다.

Teatime

티타임

HOW TO MAKE > p.73

마치 외국의 우표 같은 재밌는 디자인.
컵과 주전자의 본체 부분은 색종이를 잘라 붙였습니다.
선물 포장에 붙여도 포인트가 됩니다.

꽃과 레이스 연속 패턴

HOW TO MAKE > p.74, 75

조개껍데기(자수에서 부채 또는 물결 모양의 소재를 덧댄 장식을 지칭)나
꽃 모티프가 우아한 연속 패턴이 되었습니다.
손수건이나 행주의 테두리, 주머니의 입구 등에 배열하는 것도 추천합니다.

편지 봉투에 스티치

시판 봉투에 멋을 더했습니다. 파란 봉투에는 c, 크림색 봉투에는 b를 각각 2가지 색으로 스티치.

Wild Flower

야생화

HOW TO MAKE > p.76

레이지데이지 스티치를 꽃에,
프렌치너트를 꽃봉오리에 2겹으로
수놓아 세련되게 마무리했습니다.
종이 위에 비치는 종이를 겹쳐도
포인트가 됩니다.

수첩과 책갈피

p.32의 도안 중 일부를 표지에 수놓으면 나만의 수첩을 만들 수 있습니다.
차분한 톤의 배색으로 시크한 분위기를 줄 수 있습니다.

a

c

라벨과 태그

HOW TO MAKE > p.78, 79

b

d

f

e

클래식한 장식이나
로고 스타일의 모티프 등
메시지 태그나 라벨에 딱 맞는
디자인을 모아보았습니다.

Greeting Card

36

4 STITCHES

그리팅 카드

HOW TO MAKE > p.80, 81

a

크고 작은 꽃 모티프를
균형 있게 조합하거나
문자를 주인공으로 두고
심플하게 장식하면
무한대로
어레인지할 수
있습니다.

b

c

Herb Garden

허브 가든

HOW TO MAKE > p.77

a

b

a는 5색, b는 2색. 같은 도안이라도
배색으로 이렇게 다른 인상을
줄 수 있습니다.
여러 색을 사용할 경우에는
각 모티브의 색깔 수를
2~3색으로 제한하는 것이 비결!

자수를 시작하기 전에

이 책에서 소개하는 도안은 천과 종이, 어디에도 수놓을 수 있습니다. 필요한 도구나 재료, 예쁘게 완성하기 위해 알아두면 좋을 자수의 기본과 요령 등 실제로 만들어보기 전에 꼭 참고해주세요.

천에 수놓을 때

1 자수 틀
자수를 하기 좋도록 천을 판판하게 유지하기 위한 틀. 도안의 사이즈로 종류가 나눠지지만 직경 8~10cm인 것을 추천합니다.

2 실 자르는 가위
자수실을 자를 때 사용합니다. 작고 끝이 날카로운, 잘리는 느낌이 좋은 것이 1개 있으면 편리합니다.

3 트레이서(철필)
먹지를 사용해 도안을 옮길 때 사용합니다. 잉크가 나오지 않는 볼펜을 사용해도 됩니다.

4 초크펜
천에 도안을 직접 그릴 때나 옮긴 도안이 연해졌을 때 덧그리는 용도로 사용합니다. 물에 지워지는 타입을 추천합니다.

5 바늘
끝이 뾰족한 프랑스 자수 바늘을 준비합니다. 바늘의 굵기는 25번 자수실의 가닥 수에 맞춰 분류합니다.

6 수예용 먹지
도안을 천에 옮길 때 사용합니다. 이 책에서는 물에 지워지는 단면 먹지를 사용합니다. 하얀색이나 빨간색 등도 있지만 천에 맞춰 색을 정하면 좋습니다.

종이에 수놓을 때

1 풀
종이를 겹쳐서 수놓을 때 사용합니다. 발림이 좋고 뭉치지 않는 스틱 타입의 딱풀이 편리합니다.

2 송곳
종이에 수놓기 위한 구멍을 뚫을 때 사용합니다. 끝 부분이 구부러져 있으면 예쁘게 뚫을 수 없으므로 주의합니다. 그냥 바늘로 뚫어도 됩니다.

3 공작 가위
종이를 자를 때 사용합니다. 작고 날 끝이 얇은, 디자인용 가위가 있으면 세밀한 작업도 수월하게 할 수 있습니다.

4 바늘
끝이 날카로운 프랑스 자수 바늘을 준비합니다. 바늘의 굵기는 25번 자수실의 가닥 수에 맞춰 분류합니다.

5 커팅 매트
종이를 자르거나 수놓을 구멍을 뚫을 때 사용합니다.

6 트레이서(철필)
종이 위에 그어서 도안을 옮길 때 사용합니다. 잉크가 나오지 않는 볼펜을 사용해도 됩니다.

7 샤프와 지우개
종이에 도안을 직접 그리거나 옮겨놓은 도안이 연해졌을 때 덧그리기 위해 사용합니다. 지우개와 세트로 준비합니다.

8 연필
도안을 옮긴 종이의 뒷면을 칠할 때 사용합니다. HB나 B 등 부드러운 것을 추천합니다.

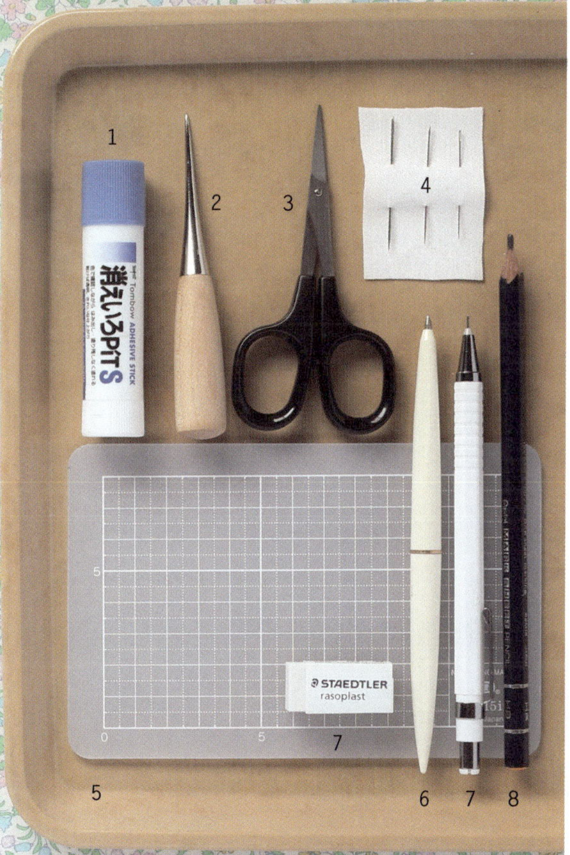

실과 재료

천이나 종이에 자수를 놓을 때 갖춰두면 좋은 재료를 소개합니다.
여기 등장하는 것은 정말 일부일 뿐이에요.
익숙해지면 취향에 맞는 재료를 이것저것 모아서 활용해보세요.

25번 자수실
6가닥의 가는 실을 느슨하게 엮어놓은, 컬러 베리에이션이 무척 풍부한 면실로 가장 구하기 쉬운 자수실입니다. 도안이나 천의 두께에 맞춰서 1가닥으로 수놓거나, 3가닥, 6가닥을 사용하기도 합니다. 이 책에서는 코스모 자수실(르시앙)을 사용합니다.

1 도화지
종이에 자수를 할 때 바탕이 되는 용지로 A4나 엽서 사이즈 등으로 잘라져 있는 것이 편리합니다. 저마다의 분위기를 가진 종이는 종류가 무척 많습니다. 또 같은 종류라도 두께에 따라 수놓기 쉬운 것과 어려운 것이 있으므로 만드는 방법 페이지를 참고하여 여러가지를 시도해보세요.

2 색종이
비교적 얇고 컬러 베리에이션이 풍부한 민무늬 색종이는 종이 위에 종이를 겹쳐서 자수를 놓을 때 편리합니다.

3 종이 코스터
모양이 귀여운 시판 종이 코스터는 바로 수를 놓을 수 있어서 편리합니다. 너무 두꺼우면 수를 놓기 어려우니 주의하세요.

4 포장지와 글라신지
무늬가 귀여운 포장지나 투명해서 분위기 있는 글라신지는 작품의 표현을 더욱 풍부하게 만들어주기 때문에 추천합니다.

5 봉투
시판 봉투에 종이 자수를 더합니다. 그 외에도 메시지 카드나 명함, 수첩, 노트 등 자주 쓰는 것에 수를 놓아보세요.

6 리본과 리본 테이프
마나 면 등의 천연 재료를 추천합니다. 포인트를 주거나 연속 패턴 등 사용하는 방법에 따라 여러가지로 활용할 수 있습니다.

7 천
잘 늘어나지 않고 땀이 크지 않은 마나 면이 수놓기 쉽습니다. 이 책에서는 이밖에도 컬러 린넨을 사용합니다. 사전에 물에 적셔 천의 땀을 정돈해두면 바늘이 통과하기 좋습니다.

8 펠트
천에 겹쳐서 면적을 채우고 싶을 때나 입체감 있는 표현을 하고 싶을 때 사용합니다. 두께는 0.5~2mm로 다양합니다. 그 위에 초크펜으로 직접 도안을 그리거나 브로치를 만들기도 좋아요.

1
2
3
4
25번 자수실
5
6
7
8

자수의 기본

실을 준비하는 법

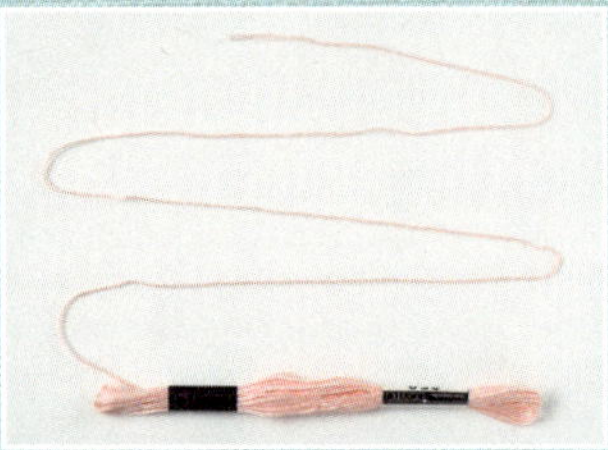

1 실을 처음 구입하면 타래로 얽혀 있습니다. 일단 라벨을 벗기고 실을 전부 꺼냅니다.

2 실의 끝을 나란히 두고 반으로 두 번 접고, 3등분으로 접어서 약 60cm의 길이로 만듭니다. 고리가 생긴 부분을 자릅니다.

3 라벨을 통과시켜 느슨하게 세 가닥 땋기를 합니다. 고리가 생긴 부분에서 한 가닥씩 끄집어내 필요한 가닥 수를 사용합니다.

실을 꿰는 방법

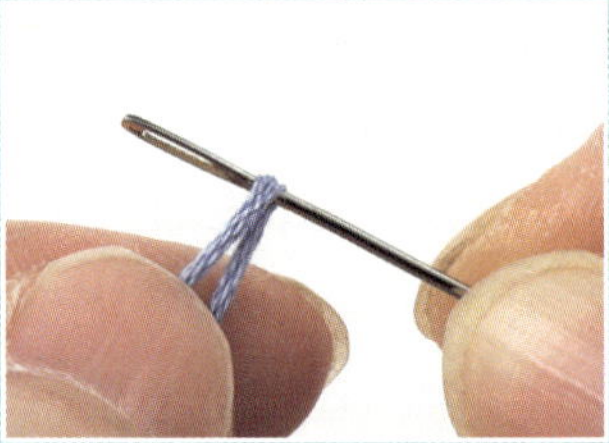

1 바늘귀 부분에 실을 걸고 반으로 접은 다음 손가락으로 누릅니다.

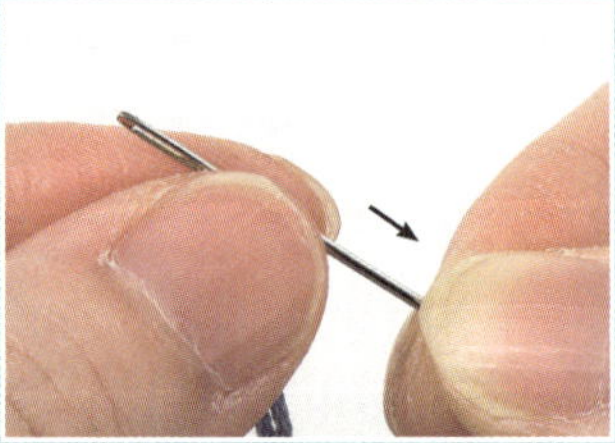

2 1의 걸린 부분을 손가락 중 검지와 엄지로 누르면서 바늘을 아래로 당깁니다.

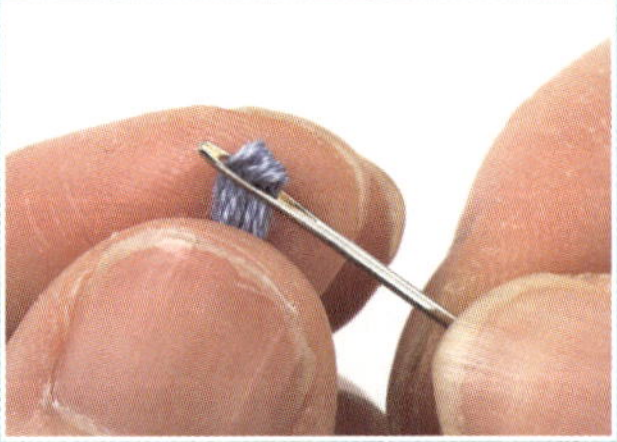

3 실의 접힌 부분을 확실히 잘 누른 다음 바늘귀에 실을 통과시킵니다.

실 가닥 수에 따라 수의 분위기가 달라집니다

같은 스티치라도 실의 가닥 수에 따라 완성된 모습이 이렇게나 달라집니다. 세밀하게 표현하고 싶을 때는 1가닥, 풍부한 표현을 하고 싶을 때는 6가닥을 사용해 실의 가닥 수에 변화를 줘보세요.

S = 스티치

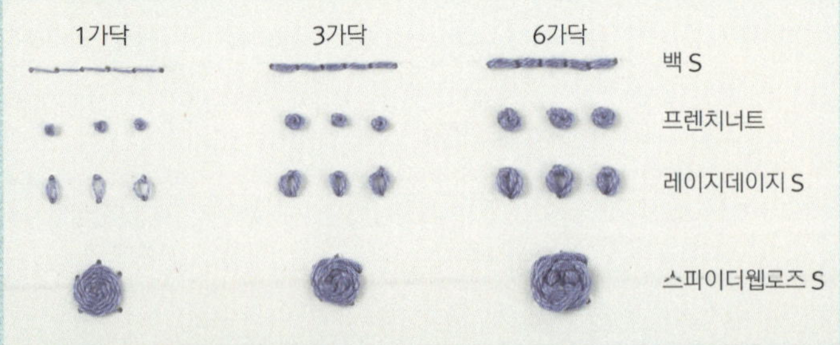

천에 수놓을 때

도안을 옮기는 법

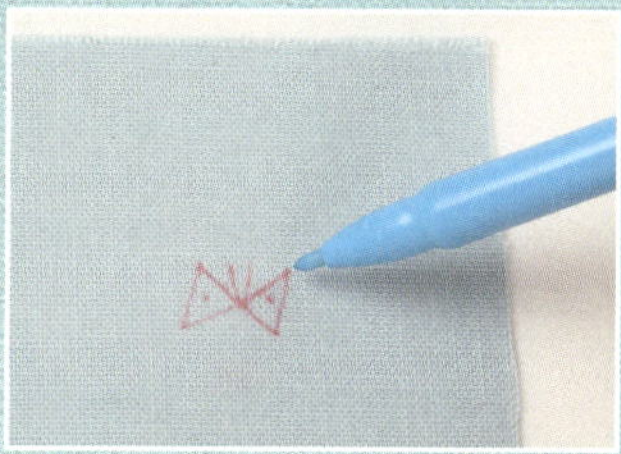

1 종이 위에 수예용 먹지를 올리되 색이 칠해진 부분을 아래로 하고 맨 위에 도안을 올려놓고 본을 뜹니다.

2 도안이 옅은 부분이 있다면 초크펜으로 덧그려줍니다.

자수 틀에 고정하는 법

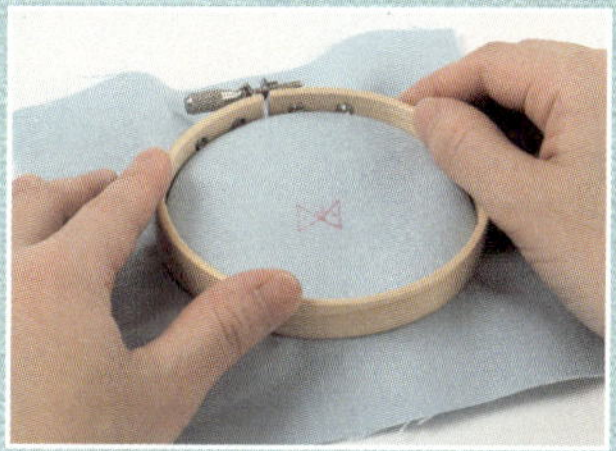

3 안쪽 틀에 천을 걸치고 위에 바깥 틀을 씌웁니다. 북처럼 천이 판판하게 걸리면 구겨진 부분을 당겨서 정리합니다.

수놓기

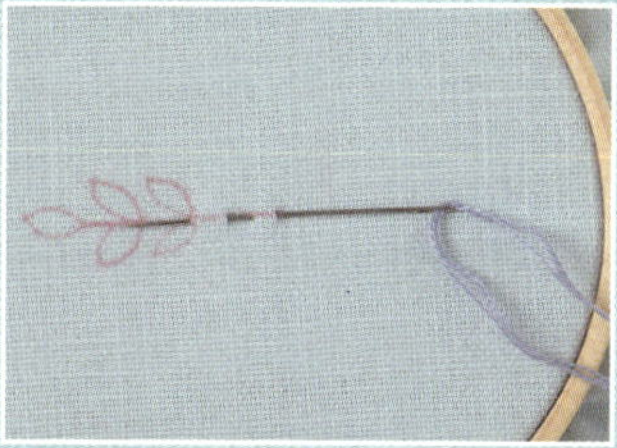

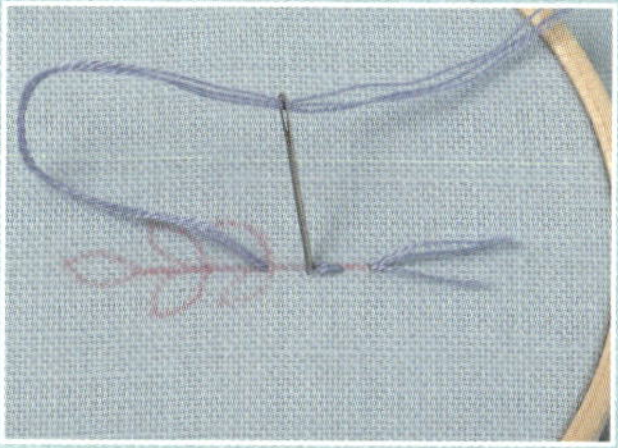

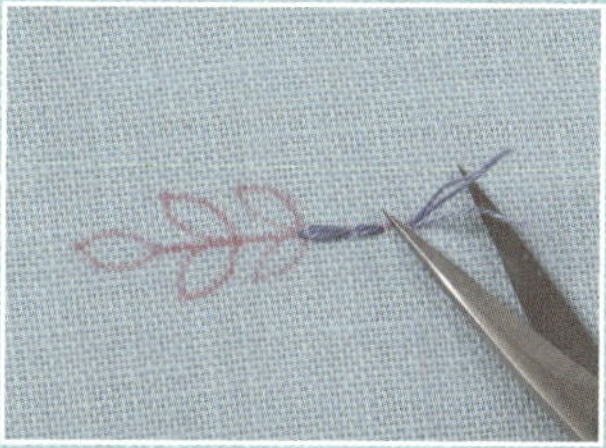

1 면을 메우는 부분이 적은 도안을 수놓을 때는 백S부터 놓기 시작합니다. 도안 위에 나란히 두 땀을 찌릅니다.

2 실 끝을 약 2cm 남기고 실을 당겨 한 땀을 돌아 백S를 놓습니다.

3 2에서 남은 실을 가위로 자르고 남은 부분을 백S로 수놓습니다(뒷면에 실이 뭉쳐 있으므로 엉키지 않게 주의).

매듭짓기

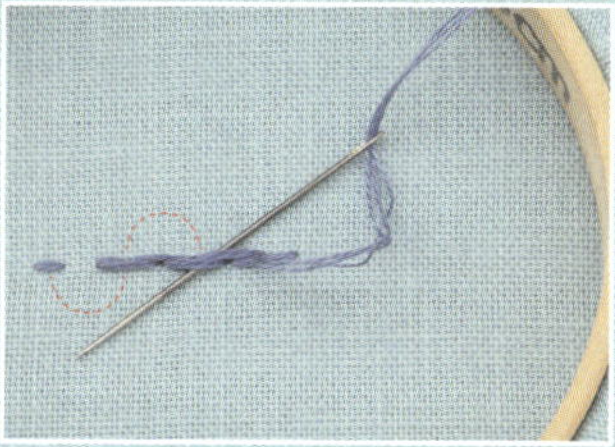

자수 뒷면에 있는 실을 바늘로 2~3번 감은 후 자릅니다. 스트레이트S 등 선으로 된 도안이라면 4~5번 감습니다.

종이에 수놓을 때

도안 옮기는 법

1 도안을 복사하거나 손으로 그린 다음, 뒷면을 연필로 칠합니다.

2 자수를 놓을 종이에 1의 도안을 겹치고 위에서 철필로 본을 뜹니다.

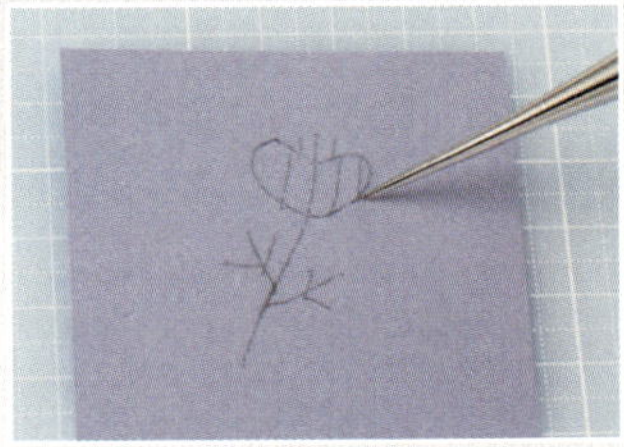

3 커팅 매트 위에 놓고 스티치 구멍을 뚫습니다.

시작하기

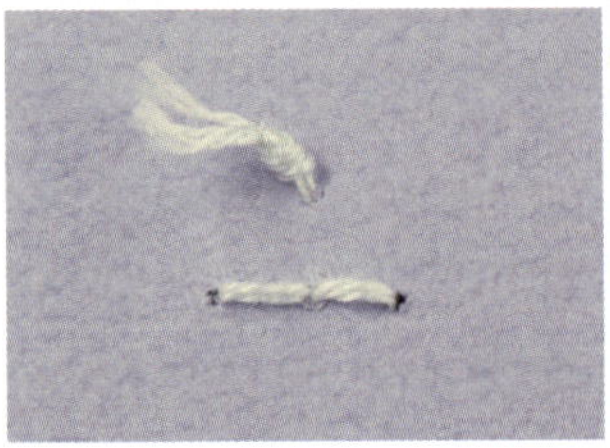

실 끝에 매듭을 만들고 종이 뒷면에서 바늘을 넣어 수놓기 시작합니다.

마무리하기

〈방법 1〉

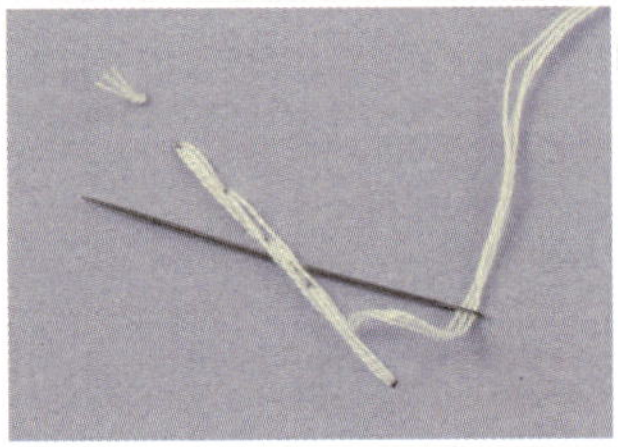

매듭을 짓거나 뒷면의 실 사이로 바늘을 2~3번 통과시킨 다음 실을 끊습니다.

〈방법 2〉

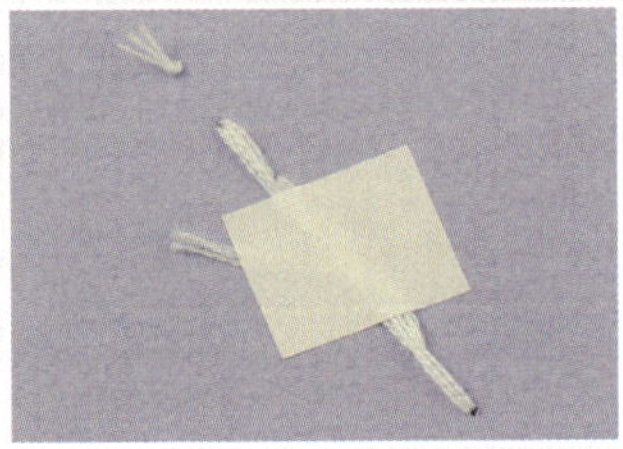

매듭을 짓는 것이 어려울 경우에는 마스킹 테이프를 붙여도 됩니다.

수놓는 포인트

〈T자로 수놓을 때〉

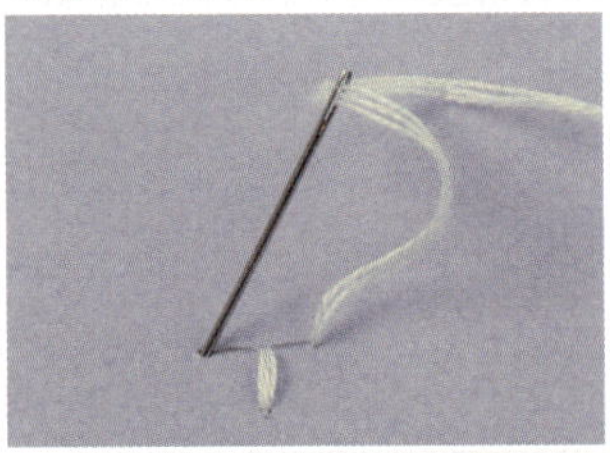

스트레이트S를 T자로 수놓을 때는 먼저 수놓은 실의 다음 실을 겹치듯이 놓으면 구멍이 잘 보이지 않습니다.

〈곡선을 수놓을 때〉

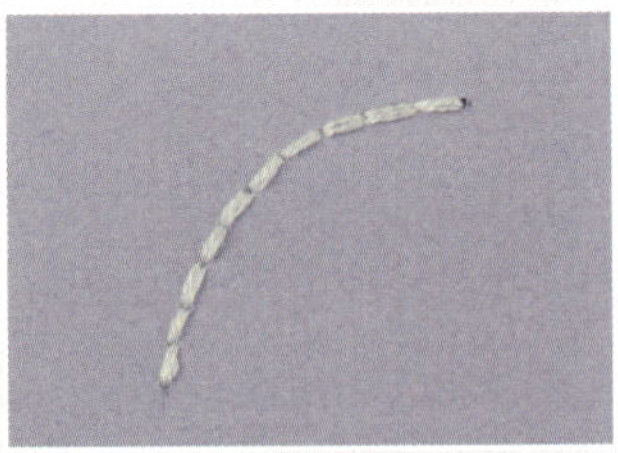

백S로 곡선을 수놓을 때는 땀을 작게 하면 깔끔하게 곡선을 만들 수 있습니다. 땀의 길이는 2~3mm가 표준입니다.

〈뒷면도 최대한 깔끔하게〉

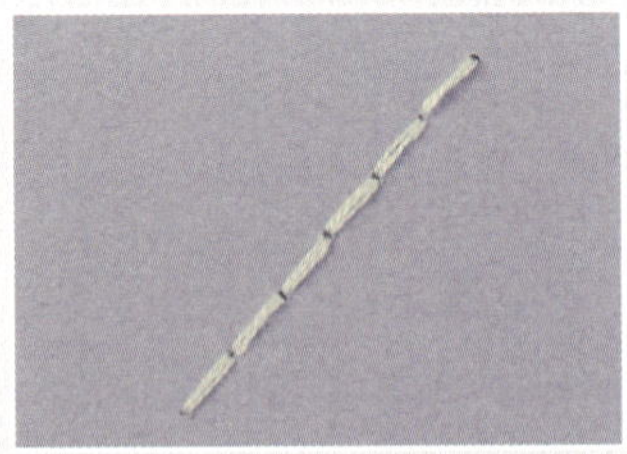

뒷면의 실이 가능한 한 작도록 한 붓 그리기를 상상하면서 수놓습니다. 멀리 떨어진 곳에 수를 놓아야 할 때는 뒷면의 실을 감싸면서 이동합니다.

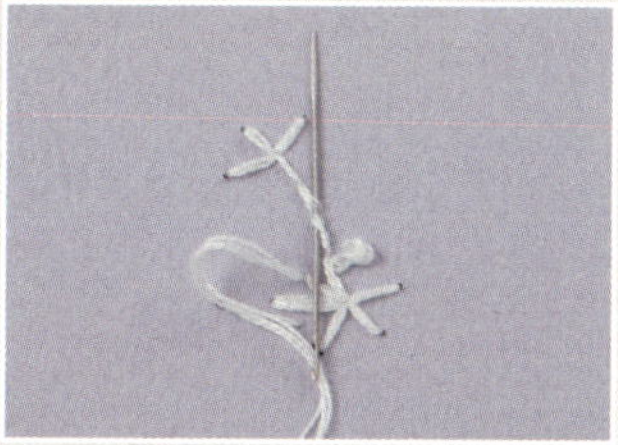

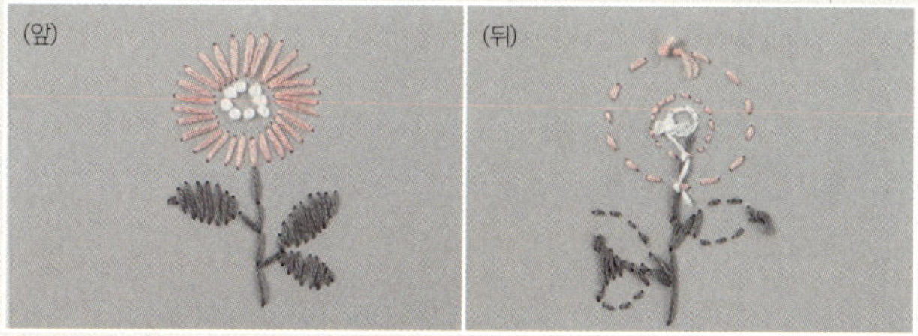

스트레이트S를 여러 겹 연속해서 수놓을 때는 뒷면에 그려진 실이 가능한 한 짧도록 신경쓰면서 수놓습니다.

〈실은 갈라지지 않도록 주의한다〉

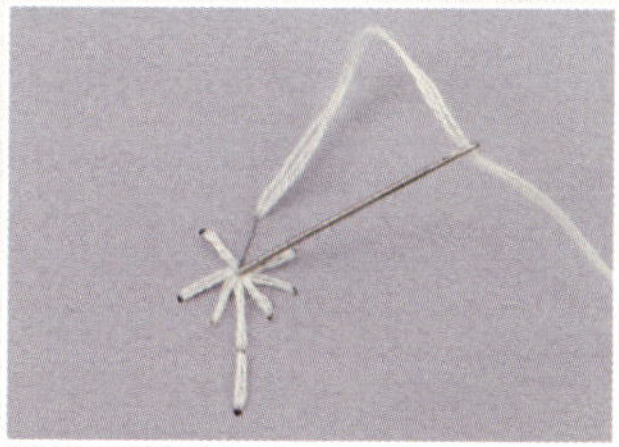

같은 구멍에 여러 번 수를 놓을 때는 바늘을 위에서 넣듯이 하고 순번을 조정합니다. 아래에서 바늘을 꺼내면 실이 갈라지니 주의합니다.

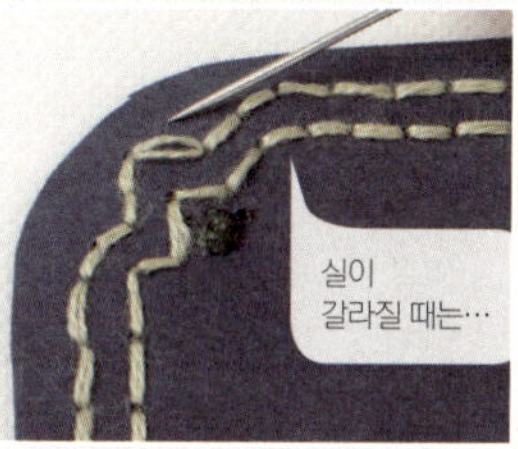

실이 갈라졌을 때는 보기에 아름답지 않기 때문에 바늘 끝이나 손톱으로 정리합니다.

〈스티치용 구멍은 가능하면 공유한다〉

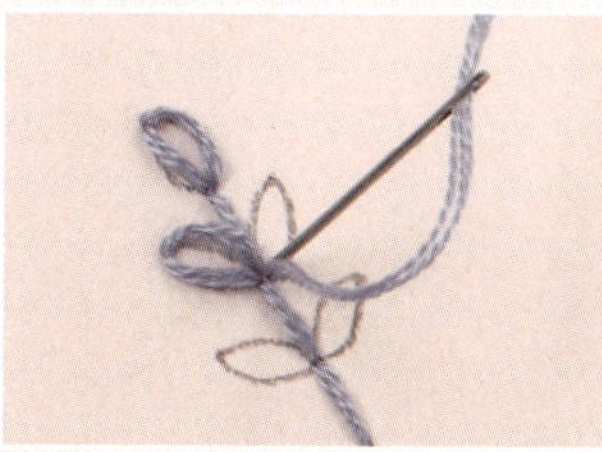

구멍을 많이 뚫으면 보기에 아름답지 않을 뿐 아니라 종이가 찢어지기 쉽습니다. 스티치 구멍을 뚫는 자리를 가능하면 같은 구멍으로 공유합니다(백S의 구멍을 사용해 잎을 수놓습니다).

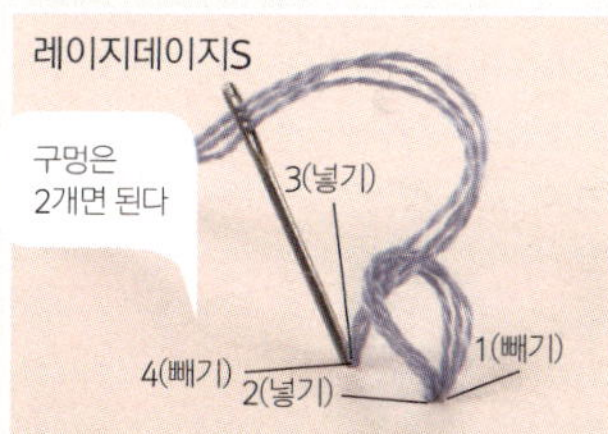

1에서 바늘을 꺼내서 실을 빼낸 다음 실을 고리 형태로 남겨 같은 구멍에 바늘을 넣습니다(2). 3에서 바늘을 꺼낼 때는 고리에 실을 통과시키고 땀을 조정한 다음 다시 같은 구멍에 넣습니다(4).

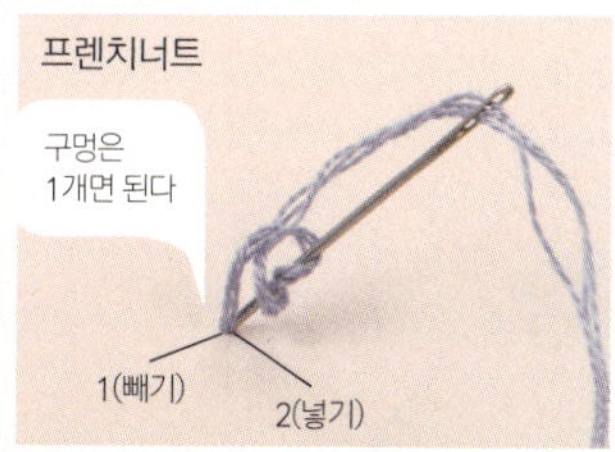

1에서 바늘을 꺼내 실을 빼낸 다음 바늘 끝에 2번 실을 휘감습니다. 같은 구멍에 바늘을 넣고(2), 실을 당겨 늘어지지 않게 한 후 바늘을 뺍니다.

면을 채우는 테크닉

종이에 종이를 겹칠 때

1 도안을 복사하거나 손으로 그려서 뒷면을 연필로 칠합니다.

2 종이에 1의 도안을 겹치고 필요한 부분을 옮깁니다.

3 도안대로 자릅니다.

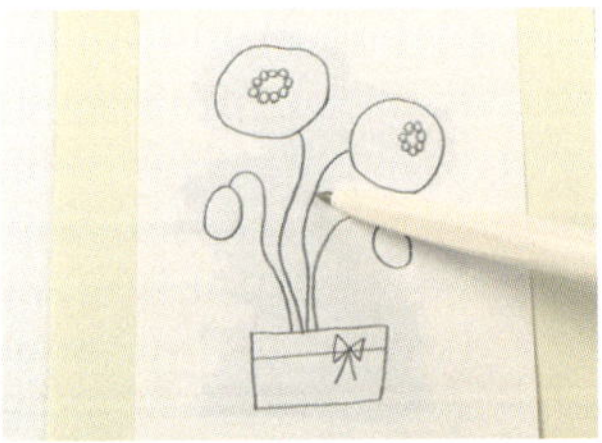

4 바탕이 되는 종이에 1의 도안을 겹치고 자수 놓을 부분의 도안을 옮깁니다.

5 예시의 작품을 참고하면서 밸런스를 보고 각 부분을 풀로 붙입니다. 송곳으로 구멍을 뚫습니다.

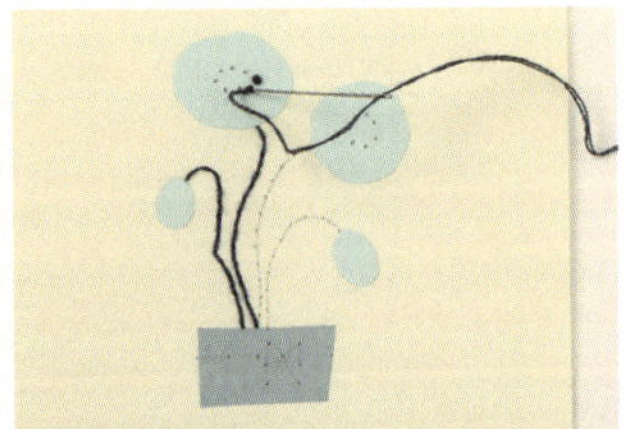

6 5의 구멍에 수를 놓습니다.

천에 펠트를 겹칠 때

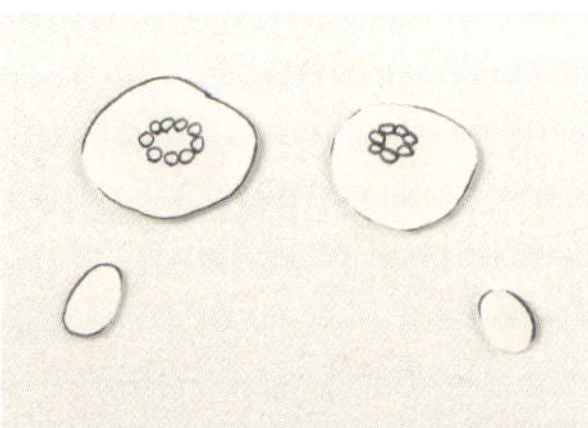

1 도안을 복사하거나 손으로 그려서 가위로 잘라 본을 만듭니다.

2 펠트에 1을 겹치고 초크펜으로 덧그립니다.

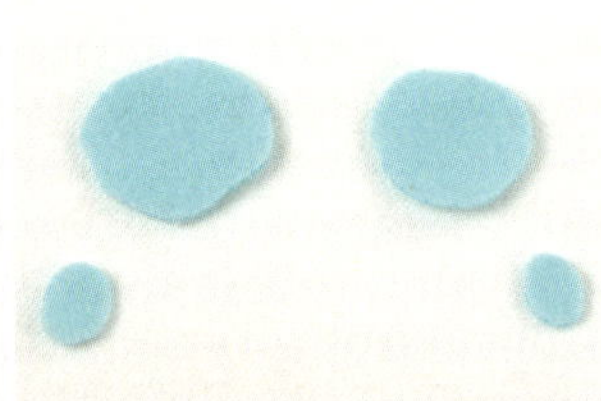

3 그린 대로 자릅니다. 나중에 종이와 같은 방식으로 천에 도안을 옮깁니다(먹지 사용). 균형을 보면서 각 부분을 천에 겹쳐 붙이고 수를 놓습니다.

HOW TO MAKE

- 이 책에서는 모든 작품에 코스모 25번 자수실(르시앙)을 사용합니다.
- 실의 가닥 수과 색번호는 작품 설명에 기입해두었습니다.
- 자수실의 색 이름 뒤의 ( )안의 숫자는 르시앙의 색번호입니다.
- 종이는 품명, 색 이름 또는 색번호의 순으로 기입했습니다.
- 각 스티치의 수놓는 방법은 p.50, 51 '이 책에 등장하는 기본 스티치'를 참고해주세요.
- 도안은 모두 실물 크기입니다.
- 실물 크기 도안의 ∘표시는 스티치의 구멍 위치를 표시한 것입니다.
- 어떤 부분을 어떤 색으로 수놓을지는 작품 페이지의 사진을 참고해주세요.
- 만드는 방법 페이지의 재료의 용량은 가능한 한 지정해두었고, 가로 세로 길이는 실제 길이보다 여유 있게 적어두었습니다.
- 프렌치너트는 따로 지정해두지 않은 경우 모두 2번 감기입니다.

* 스티치 이름 뒤에 붙은 S는 STITCH의 요약 표기입니다.
* 만드는 방법 페이지에 나오는 길이의 단위는 cm입니다.
* 사용한 스티치의 수와 종류를 한눈에 알아보기 쉽도록 각 페이지에 표시해두었습니다. 자세한 내용은 p.4를 참고해주세요.

이 책에 등장하는 기본 스티치

스트레이트 스티치 … 꽃잎이나 잎사귀 또는 기하학 모양 등을 표현할 때 사용합니다.

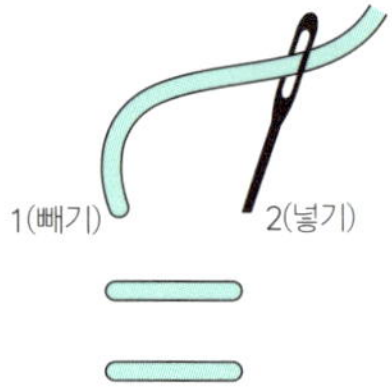

1에서 빼고 스티치의 폭에 맞춰 2에 넣습니다.

백 스티치 … 줄기나 윤곽을 수놓을 때 사용합니다. 곡선 부분에서는 땀을 작게 하면 깔끔하게 수놓을 수 있습니다(p.46 참고).

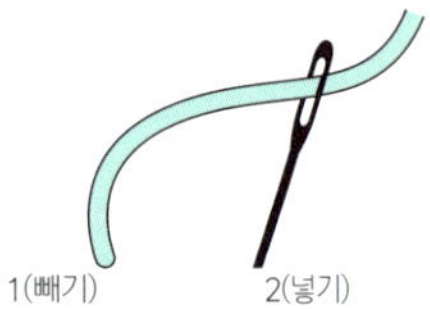

1에서 빼고 2에서 넣습니다.

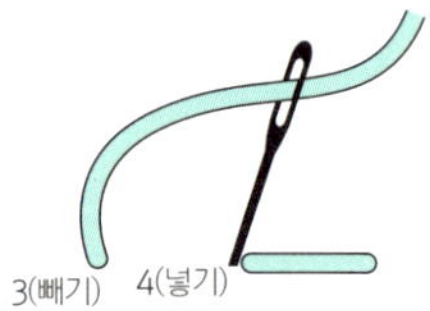

1~2의 땀과 같은 간격의 3에서 빼고 4(1과 같은 위치)에 넣습니다.

반복하면서 같은 요령으로 1땀씩 같은 간격으로 수놓습니다.

프렌치너트(2번 감기) … 작은 꽃이나 꽃봉오리, 꽃의 가운데, 점 등을 표현할 때 사용합니다. 실의 가닥 수나 감는 횟수로 크기를 조정합니다.

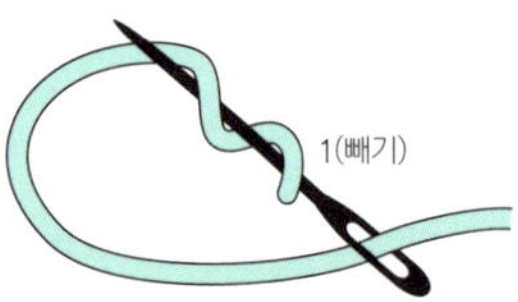

1에서 빼고 바늘에 실을 2회 감습니다.

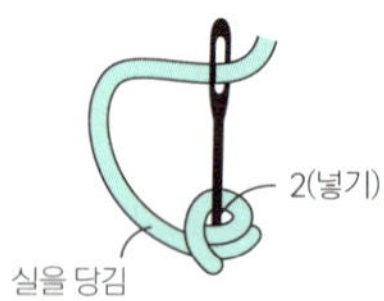

1의 바로 옆에(종이에 수놓을 때는 같은 구멍) 바늘을 넣고(2), 바늘을 세워서 실을 당깁니다. 그대로 뒷면에서 바늘을 당겨서 실을 조입니다.

레이지데이지 스티치 ··· 꽃잎이나 작은 잎사귀를 표현할 때 사용합니다. 땀의 길이에 따라 다양한 표현을 보여줄 수 있는 스티치입니다.

[천에 수놓을 때]

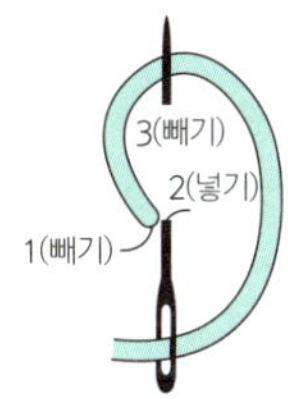

1에서 빼고 2에서 넣은 다음(1과 같은 위치), 3에서 빼서 바늘을 실에 걸칩니다.

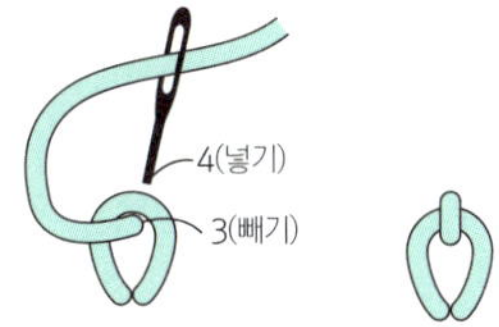

바늘을 빼내서 땀의 길이를 조정하고 4에 바늘을 넣습니다.

[종이에 수놓을 때]

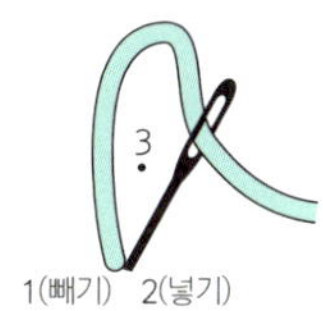

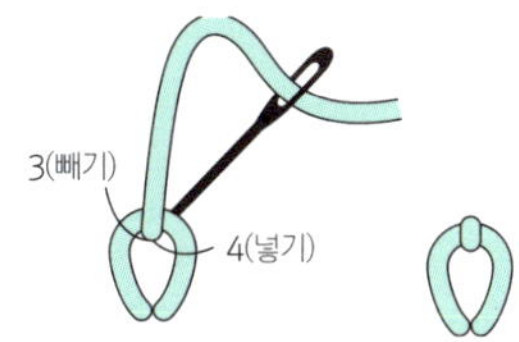

1에서 빼내서 2에 넣고(1과 같은 위치), 실을 고리 형태로 만듭니다.

3에서 바늘을 빼면서 고리에 실을 겹쳐 4(3과 같은 위치)에 바늘을 넣습니다(p.47 참고).

스파이더웹로즈 스티치 ··· 꽃 등 원형의 모티프를 도톰하게 수놓을 때 사용합니다. 기억해두면 표현의 범위가 넓어집니다.

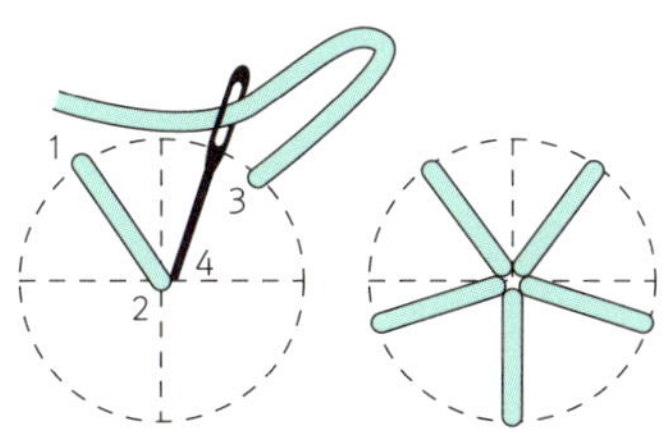

스트레이트 스티치를 외곽에서 중심을 향하도록 5가닥으로 수놓아 기둥을 만듭니다.

기둥의 중심에 가깝게 빼고 기둥의 위아래로 실을 교차시킵니다.

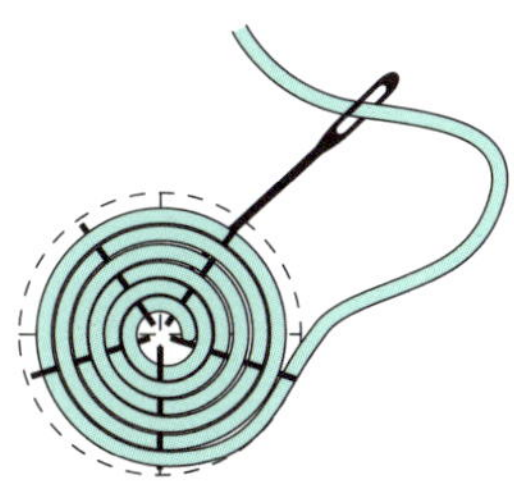

기둥이 보이지 않게 될 때까지 계속 반복합니다. 뒷면에서 실을 정리합니다.

작은 원포인트 모티프 PHOTO > p.6, 7

자수실

녹색(2535)
하늘색(373)
흰색(100)
노란색(298)
주황색(145)

종이

아페리오 크림

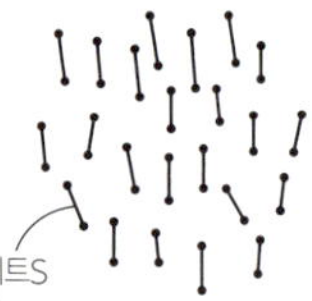

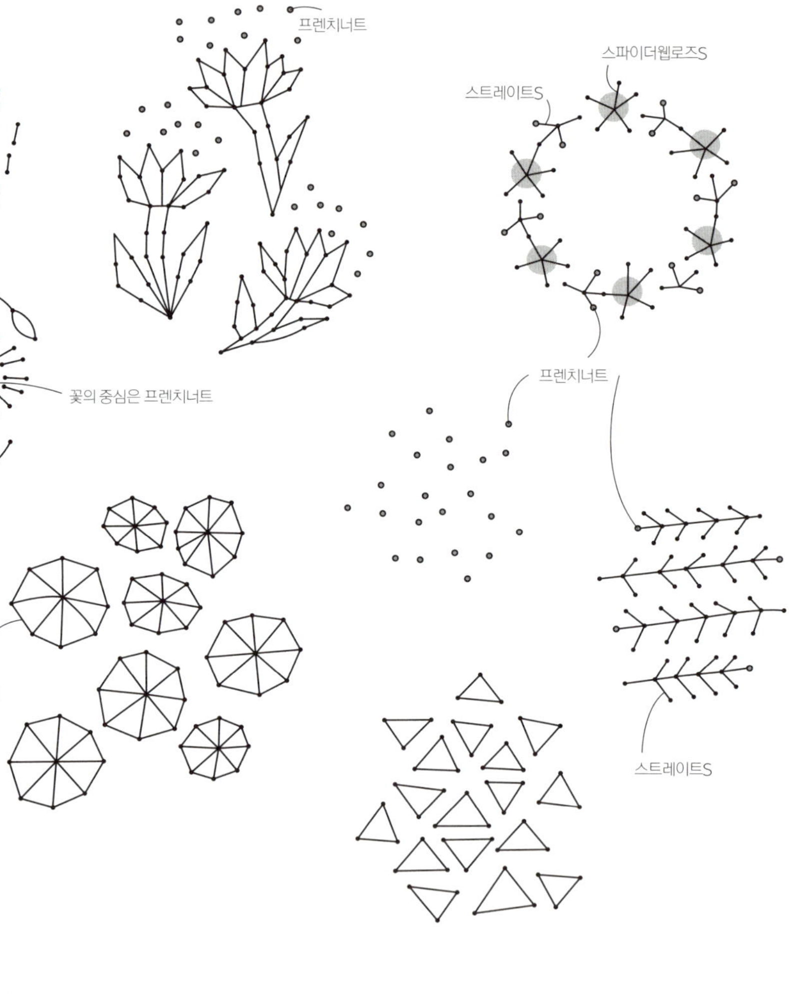

수놓는 법

- 모두 3가닥 놓기
- 지정된 것 외에는 백S
- 프렌치너트는
  마지막에 놓기

브로치 PHOTO > p.7

자수실

옅은 보라색(2172)
하늘색(373)
노란색(701)
흰색(100)

그 밖의 재료(1개분)

두꺼운 펠트 … 사방 5cm
브로치 … 길이 2cm 1개

수놓는 법

- 모두 3가닥 놓기
- 지정된 것 외에는 백S

만드는 방법의 포인트

- 도안을 보면서 초크펜으로 그리기
- 펠트에 수를 놓고,
  동그랗게 잘라서 뒷면에 브로치를
  접착제로 붙이거나 꿰매기

실물 크기 도형

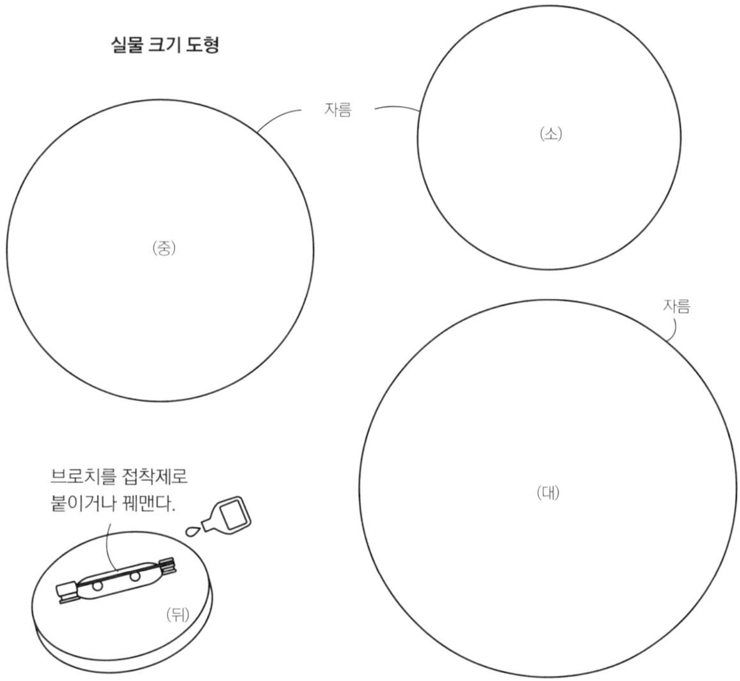

메시지 카드 PHOTO > p.7

자수실

노란색(820)
회색(895)

그 밖의 재료(1개분)

시판 메시지 카드 … 가로 9×세로 5.7cm

수놓는 법

- 프렌치너트는 2가닥 놓기
- 카드의 줄은 백S 1가닥 놓기

꽃가게 PHOTO > p.8

자수실
차콜(895)

종이
하이체크 흰색

그 밖의 재료
색종이 … 적당량

수놓는 법
- 모두 2가닥 놓기
- 지정된 것 외에는 백S

a

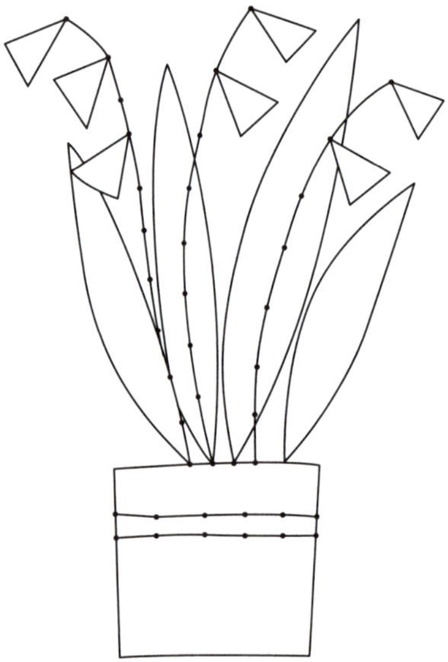

b

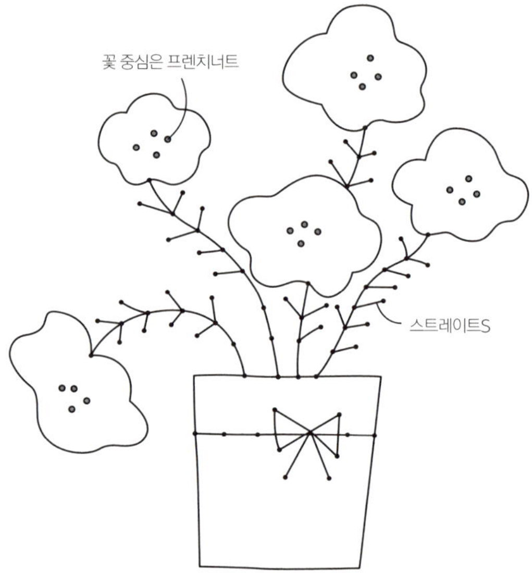

ADVICE for Paper Stitch

이번 것처럼 부분적으로 종이를 겹쳐서 수를 놓는 도안은 종이를 자를 때 도안의 조금 안쪽을 자르듯이 하면 철필의 선을 지우지 않아도 됩니다. 또 '꽃가게' 도안은 조금 비뚤어지게 잘라도 그것이 또 멋이 되는 디자인이기 때문에 도안 그대로 깔끔하게 자르지 못해도 괜찮습니다. 꽃이나 봉오리 등 종이 외곽 근처에 수놓을 경우 종이의 아래에 조금 들어가도록 수놓으면 구멍이 잘 보이지 않습니다. 가령 줄기를 수놓을 때는 먼저 꽃으로 사용할 부분을 붙이고 스티치 구멍을 뚫지만, 가능한 한 꽃 바로 옆 부분이나 종이의 조금 아래 쪽에 구멍을 뚫는 것이 좋습니다.

c

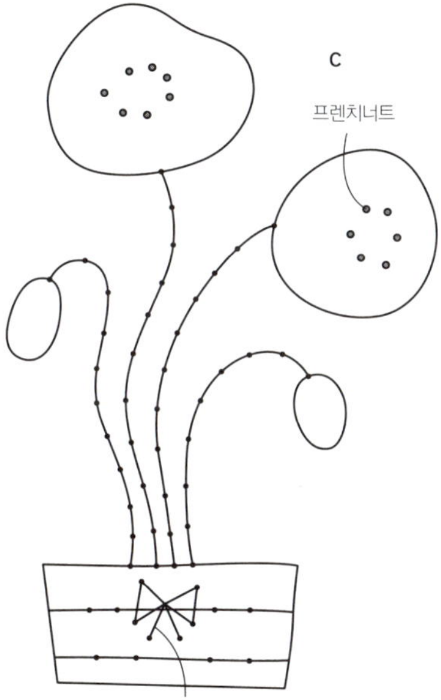

d

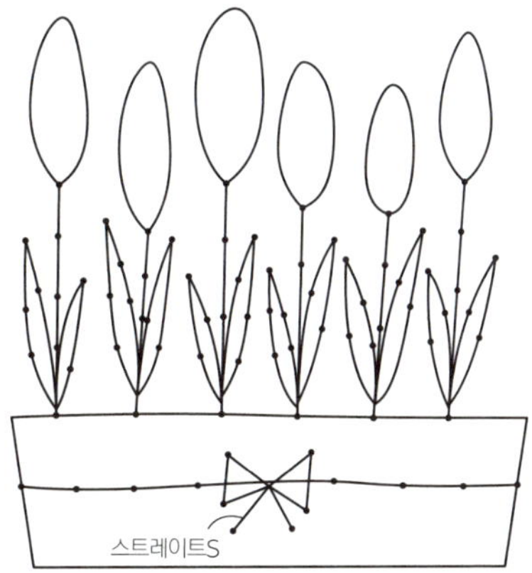

ADVICE

for

Paper Stitch

이번 책에서는 “종이에도 수놓을 수 있다”는 것을 염두에 두고 자수 도안을 생각했습니다. 종이에 구멍을 뚫으면서 수를 놓는 종이 자수에서는 새틴 스티치 등의 면을 채우는 스티치는 종이가 너덜너덜해지기 때문에 사용할 수 없습니다. 하지만 선 자수만으로 표현하는 것보다 면을 채우는 편이 존재감이 있고 귀엽답니다. 그래서 생각한 것이 사선으로 면을 채우는 방법과 종이를 겹치는 방법입니다. 만약 여러분이 자체 도안을 만들고 싶고 면을 채우는 표현을 하고 싶을 경우 이 두 가지 방법을 사용해보세요. 반드시 귀여운 결과물이 나올 겁니다.

북 커버 PHOTO > p.9

자수실

흰색(100)
블루 그레이(732)

종이

D'CRAFT 블록
(얇은 크라프트지라면 OK)
… A4 사이즈 1장

그 밖의 재료

색종이 … 적당량

수놓는 법

- 모두 3가닥 놓기
- 지정된 것 외에는 백S

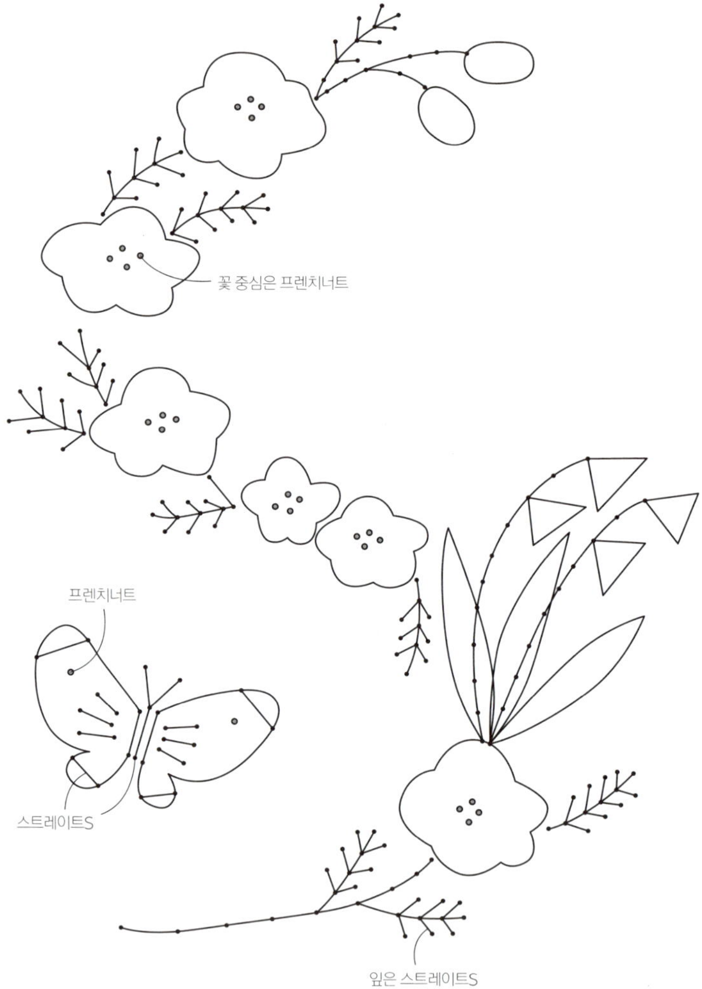

북 커버(문고본 사이즈) 만드는 법

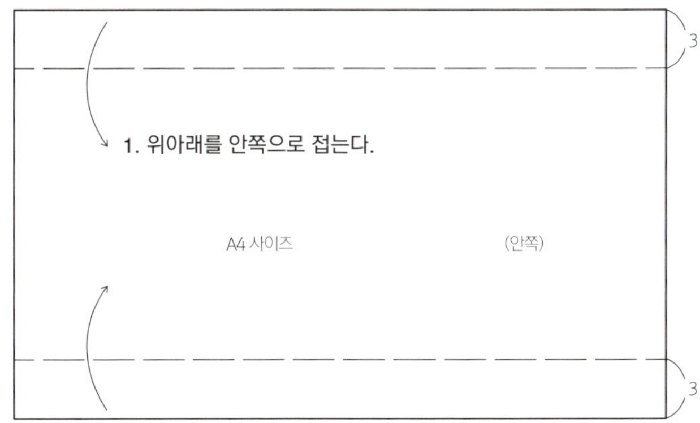

1. 위아래를 안쪽으로 접는다.

2. 좌우를 안쪽으로 접는다.
(책의 두께에 따라 접는 부분
의 길이를 조정한다)

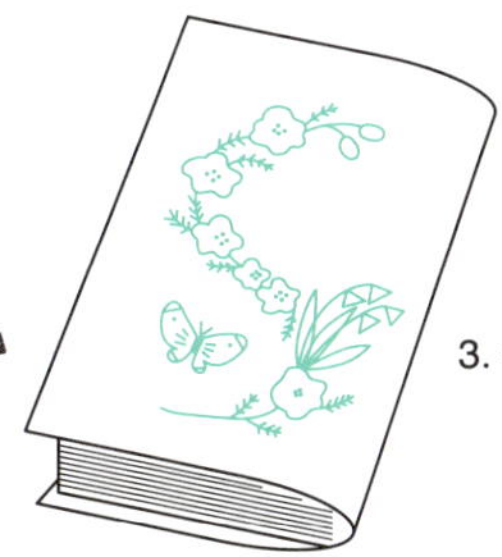

3. 문고본에 커버를 씌운다.

만드는 방법의 포인트

- 먼저 종이를 접어서 커버의 형태로 만들고
  자수의 위치를 정한 다음 도안을 그리기

민들레 샘플러 PHOTO > p.10, 11

자수실

흰색(100)
노란색(820)
차콜(895)

종이

머메이드 그레이 4

수놓는 법

- 모두 3가닥 놓기
- 지정된 것 외에는 백S

손수건 PHOTO > p.11

자수실

녹색(846)
노란색(701)
회색(2151)

그 밖의 재료

시판 손수건 … 사방 약 45cm

수놓는 법

- 모두 3가닥 놓기
- 지정된 것 외에는 백S
- 프렌치너트는 마지막에 놓기

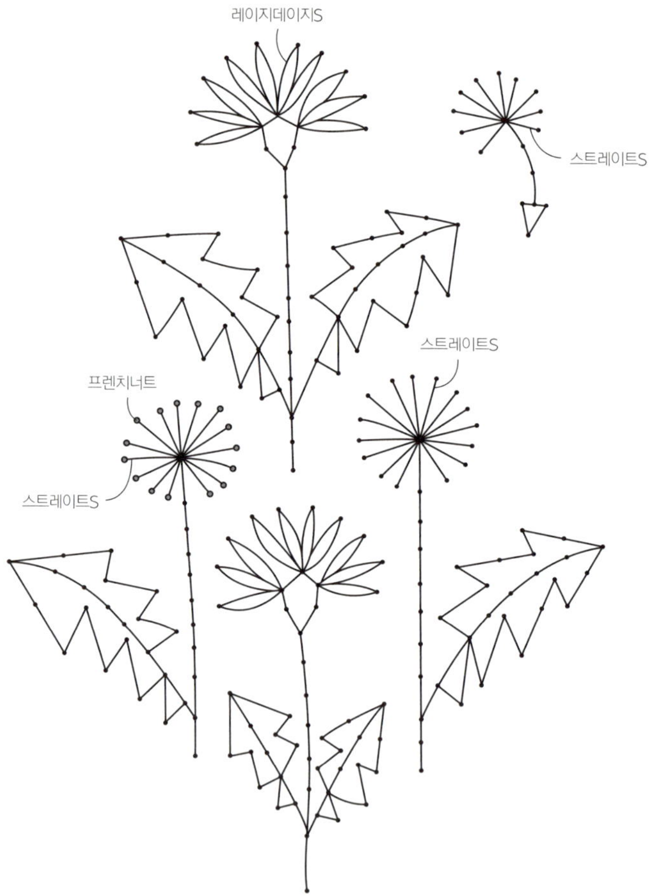

보태니컬 모티프 PHOTO > p.16, 17

자수실

흰색(100)

종이

머메이드 벚꽃색

수놓는 법

- 지정된 것 외에는 6가닥 놓기
- 지정된 것 외에는 백S
- 프렌치너트는 마지막에 놓기

색실로 원포인트 스티치

PHOTO > p.17

자수실

핑크색(851)
흰색(100)
회색(2154)
녹색(2535)

종이

a 머메이드 벚꽃색
b 그문드 캐시미어 - FS 눈
c NT 라샤 청회색

수놓는 법

- 모두 3가닥 놓기
- 지정된 것 외에는 백S
- a의 스파이더웹로즈S는 6가닥 놓기
- 프렌치너트는 마지막에 놓기

식물 모티프의 공상 도감 PHOTO > p.23

자수실

흰색(100)
녹색(899)

그 밖의 재료

펠트 … 적당량

수놓는 법

- 모두 6가닥 놓기
- 지정된 것 외에는 백S

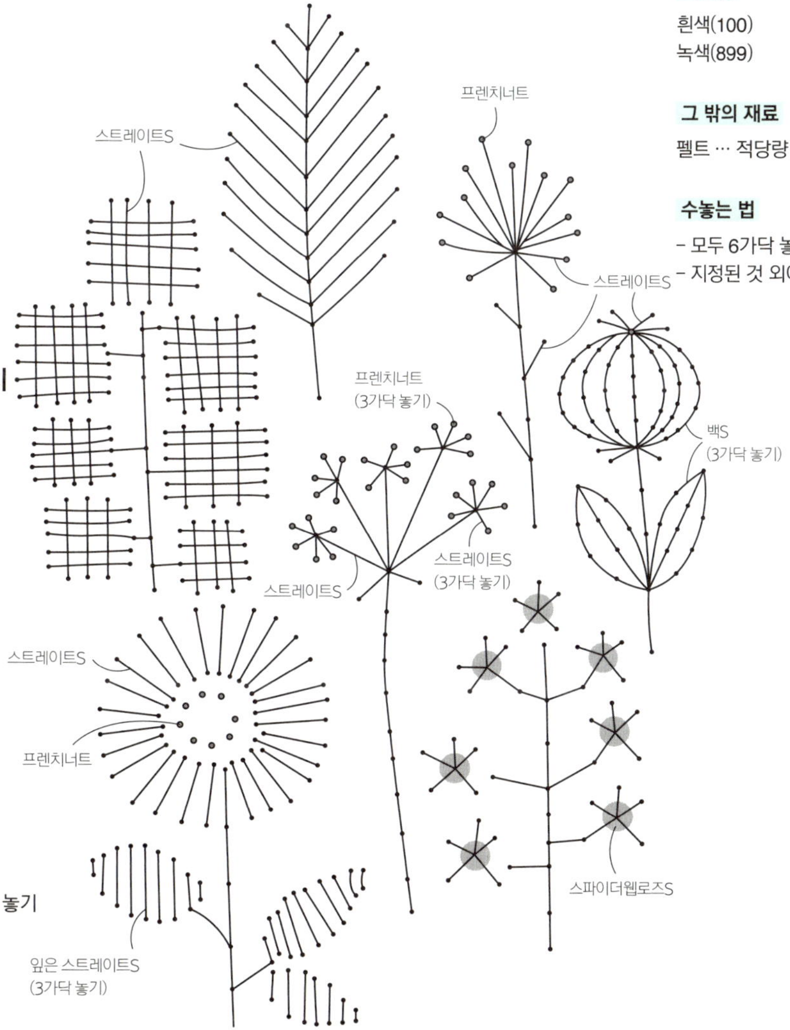

숲에서 온 선물 PHOTO > p.12, 13

자수실	종이	수놓는 법
검은색(600) 하늘색(371) 파란색(2212) 노란색(298)	NT 라샤 갈색	- 지정된 것 외에는 3가닥 놓기 - 지정된 것 외에는 백S - 프렌치너트는 마지막에 놓기

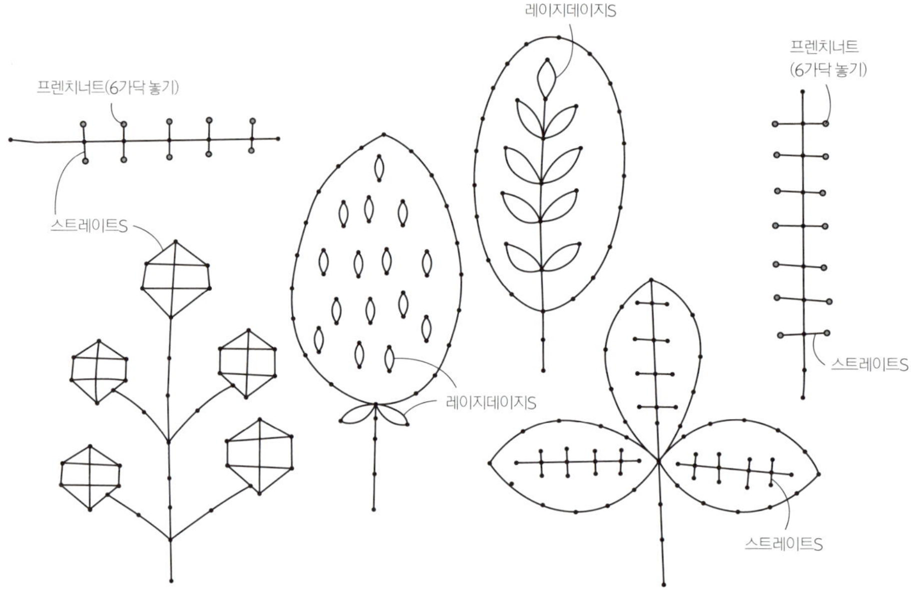

ADVICE for Paper Stitch

1개의 그림에 여러 모티프가 있을 때는 하나씩 각각 배색을 생각하는 것보다 먼저 전체적으로 사용할 색을 1~5가지 고르고 거기서 색을 배분하는 것이 균형 잡히게 완성할 수 있는 방법입니다. 또 톤을 맞추듯 작업하면 전체적으로 균일감이 살아납니다. 색을 너무 많이 쓰면 너저분한 인상이 들 수 있을 뿐 아니라 색이 유기적으로 연결되지 않기 때문에 주의해야 합니다. 사용하고 싶은 색이 정해지면 색연필을 사용해서 모티프에 어떤 색을 사용할지 칠해보면서 생각하면 쉽습니다. 실제 수놓았을 때 분위기가 변하는 경우도 있으므로 수를 놓으면서 색을 바꿔도 괜찮습니다.

핀 쿠션 PHOTO > p.13

자수실

하늘색(164)
노란색(298)
검은색(600)
갈색(368)
흰색(100)

그 밖의 재료(1개분)

마음에 드는 천 … 가로 10×세로 20cm
수예 솜 … 적당량

수놓는 법

- 모두 3가닥 놓기
- 지정된 것 외에는 백S
- 꿰매는 곳은 1cm 여유를 두고 재단

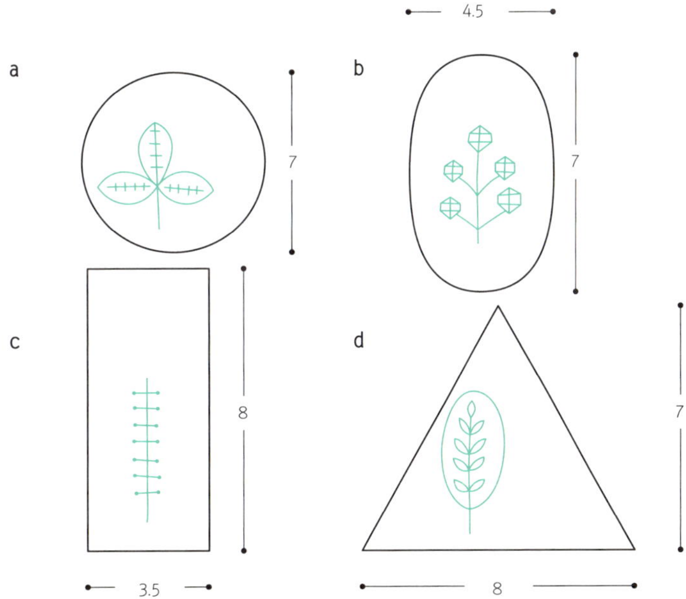

만드는 방법의 포인트

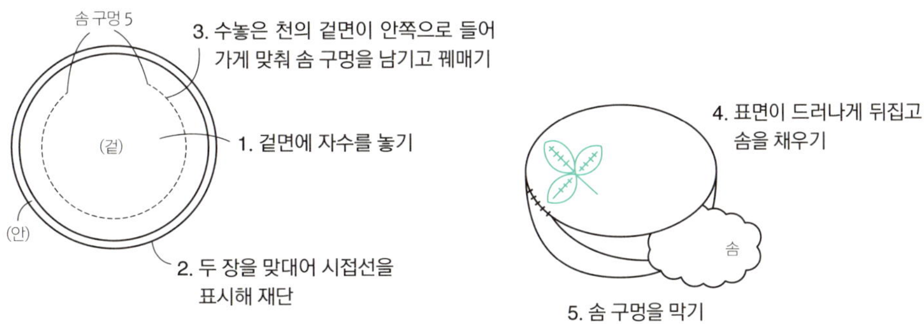

장미와 양귀비 연속 패턴 PHOTO > p.14, 15

자수실

A
흰색(100)
깊은 청색(735)

B
노란색(820)
깊은 청색(735)

천

그린 그레이의 면,
린넨 또는 마

수놓는 법

- 모두 3가닥 놓기
- 지정된 것 외에는 백S
- a의 프렌치너트는 마지막에 놓기

키 케이스 PHOTO > p.15

자수실

보라색(2664)
남색(169)
흰색(100)

그 밖의 재료

블루 그레이의 면 … 가로 15×세로 25cm
리본 … 1cm 폭X45cm

수놓는 법

- 모두 3가닥 놓기
- 지정된 것 외에는 백S

만드는 방법의 포인트

- 도안에 적힌 크기 외에 꿰맬 부분을 1cm 남기기

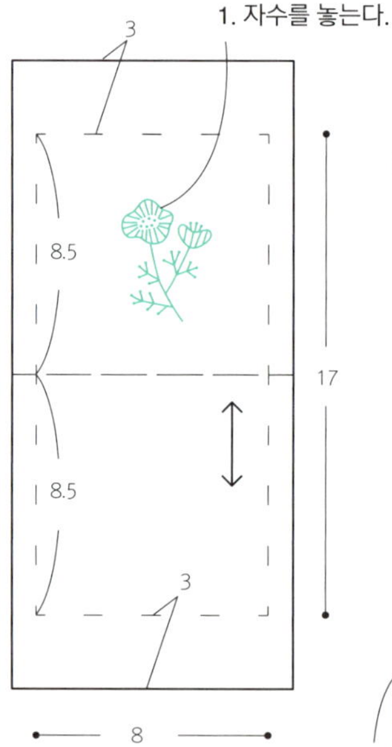

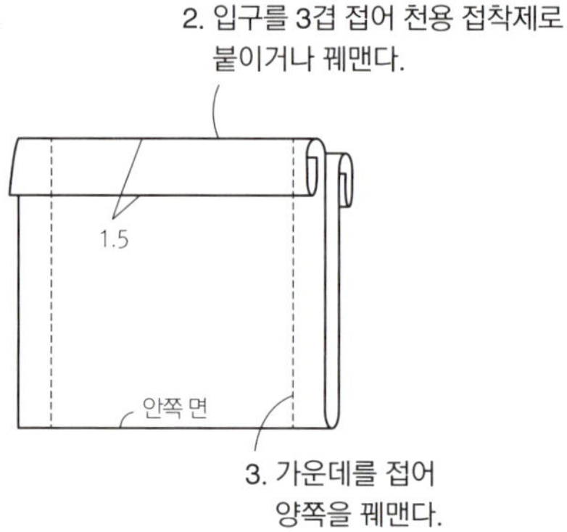

a

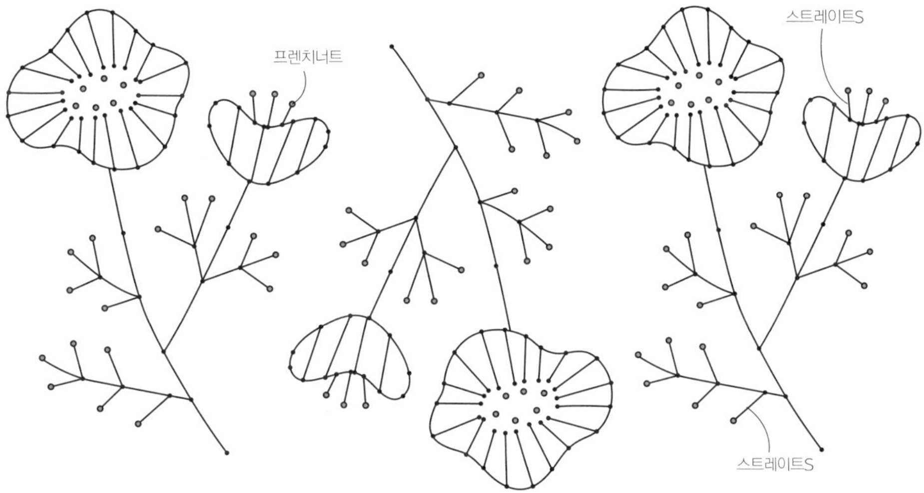

b

플라워 컬렉션 PHOTO > p.18, 19

자수실

녹색(2535)
노란색(700)
빨간색(106)
보라색(663)

종이

아페리오 크림

수놓는 법

- 지정된 것 외에는 3가닥 놓기
- 지정된 것 외에는 백S
- 격자는 백S와 스트레이트S(3가닥 놓기)
- 꽃은 지정된 것 외에는 2가닥 놓기
- 프렌치너트는 마지막에 놓기

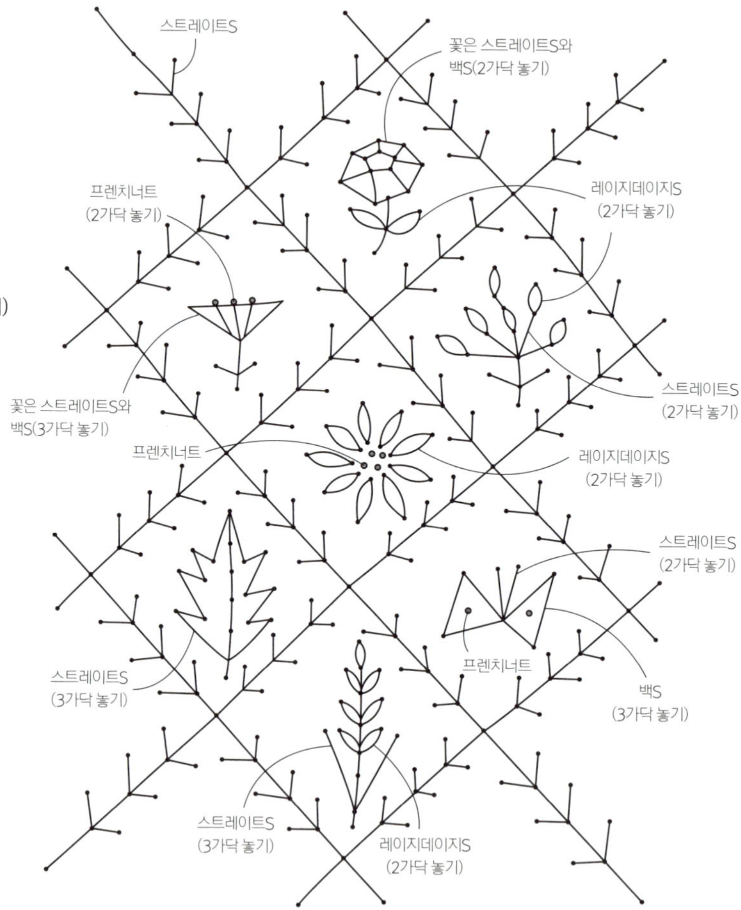

리본 PHOTO > p.19

자수실

핑크색(106)
흰색(100)
녹색(2535)
보라색(663)
갈색(369)
검은색(600)

그 밖의 재료

취향의 리본 혹은 테이프 … 적당량

수놓는 법

- 지정된 것 외에는 3가닥 놓기
- 프렌치너트는 마지막에 놓기

ADVICE for Paper Stitch

카드 등 선물하는 것에 자수를 놓을 때는 뒷장도 신경쓰도록 합니다. 종이를 붙여서 감추는 것도 가능합니다만 뒷면에 최대한 실이 지나가지 않게 한 붓 그리기를 상상하며 수의 순서를 정합니다. 연속해서 수를 놓는 것이 어려울 경우에는 실을 한번 자르거나 뒷면의 실 가운데를 감으면서 다음 위치로 이동합니다.

a

b · e

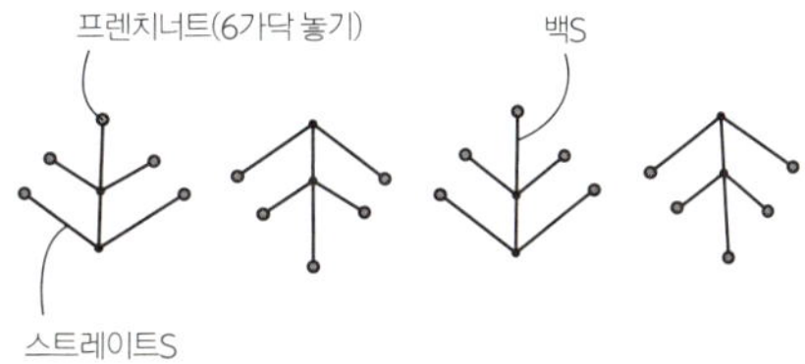

c

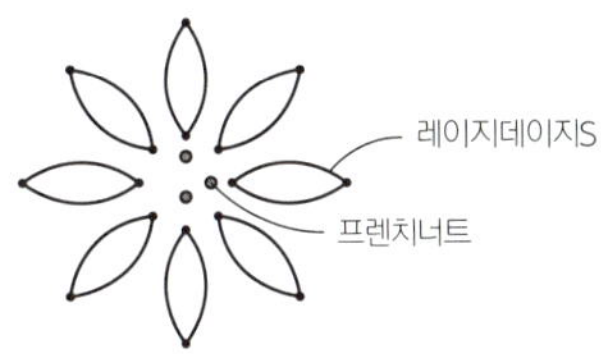

d

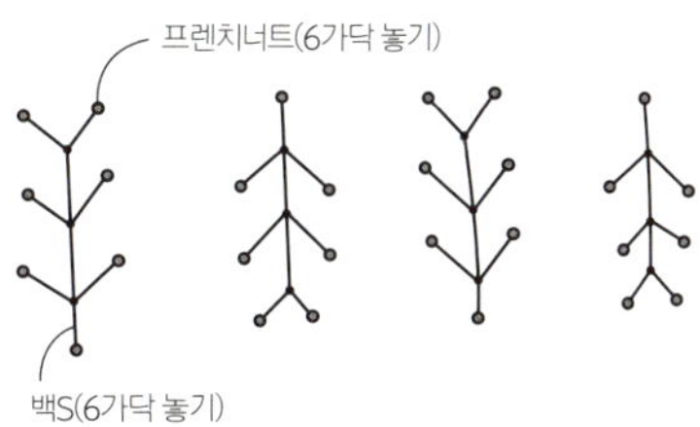

초여름 리스 PHOTO > p.20, 21

자수실

회색(2154)
흰색(100)
연핑크색(111)
녹색(846)

종이

색상지 수국

그 밖의 재료

색종이 … 적당량

수놓는 법

- 모두 2가닥 놓기
- 지정된 것 외에는 백S
- 프렌치너트는 마지막에 놓기

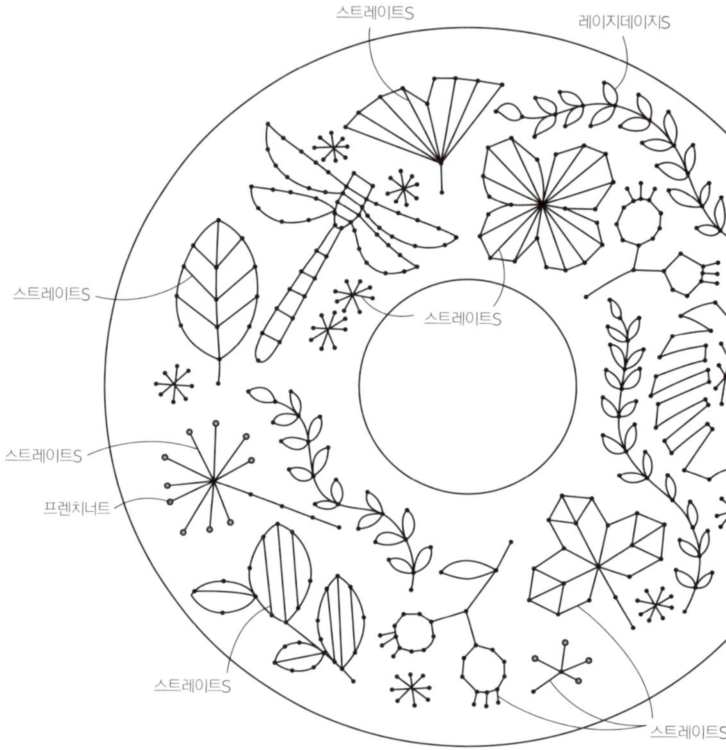

선물 포장 PHOTO > p.21

자수실

흰색(100)

종이

머메이드 해바라기

수놓는 법

- 모두 2가닥 놓기
- 지정된 것 외에는 백S
- 프렌치너트는 마지막에 놓기

만드는 방법의 포인트

- 같은 간격으로 도안을 그리기

식물 모티프의 공상 도감 7번 PHOTO > p.23

자수실

흰색(100)
녹색(899)
차콜(895)

그 밖의 재료

취향의 천 · 접착제 … 적당량

수놓는 법

- 모두 2가닥 놓기
- 지정된 것 외에는 백S

만드는 방법의 포인트

- 천의 뒷면은 접착제를 사용해 붙이고 자수를 놓은 다음 주변을 자르기

식물 모티프의 공상 도감 2 · 3번 PHOTO > p.22

자수실

검은색(600)

종이

탄트 B-5(블루 그레이)

그 밖의 재료

수채화 물감

수놓는 법

- 모두 1가닥 놓기
- 지정된 것 외에는 백S

만드는 방법의 포인트

- 종이에 도안을 그리고 스티치 구멍을 뚫기. 자수를 놓고 나서 잎과 꽃을 수채 물감으로 옅게 칠하기

2

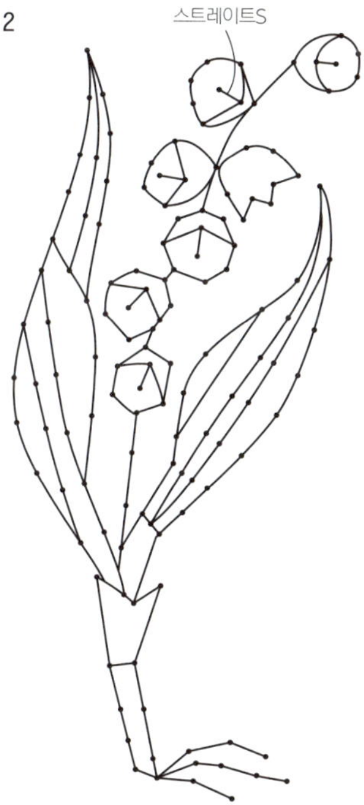

3

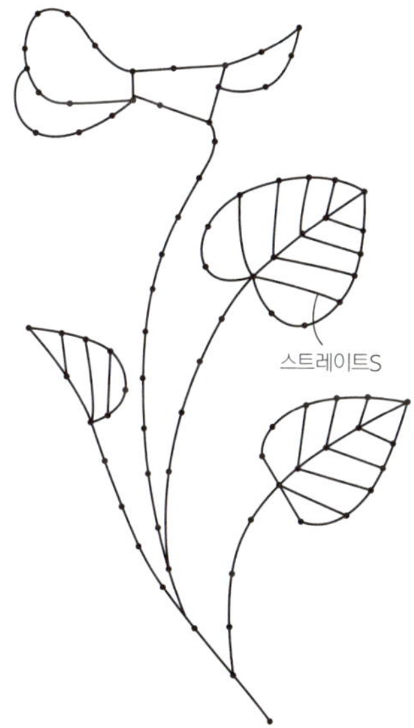

목차에서 PHOTO > p.4

자수실

흰색(100)
검은색(600)

종이

NT 라샤 복숭아색
머메이드 흰색

그 밖의 재료

색종이 … 적당량

수놓는 법

- 지정된 것 외에는 2가닥 놓기
- 지정된 것 외에는 백S
- 종이를 겹치는 방법은 p.48 참고
- 프렌치너트는 마지막에 놓기

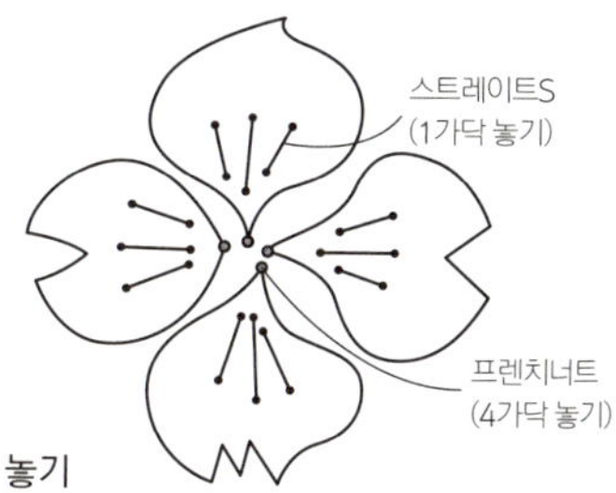

북유럽 길거리의 나무와 집 PHOTO > p.24

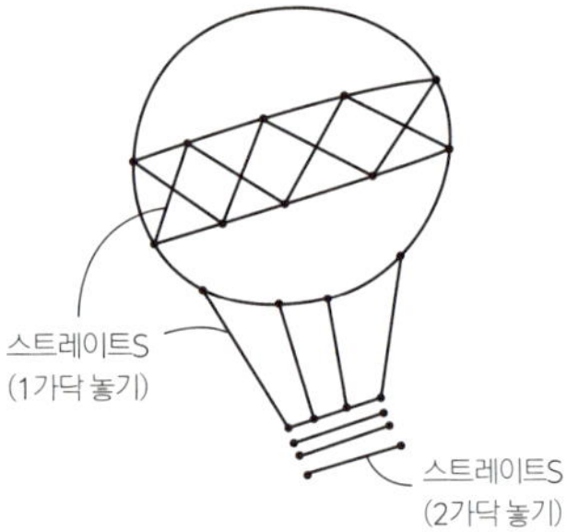

자수실

빨간색(800)
흰색(100)
검은색(600)
베이지색(366)

종이

그문드 캐시미어-FS 눈

그 밖의 재료

포장지 … 적당량

수놓는 법

- 가운데 단의 나무는 모두 3가닥 놓기
- 하단의 나무 · 집 · 새는 2가닥 놓기
- 지정된 것 외에는 백S
- 종이를 겹치는 방법은 p.48 참고
- 프렌치너트는 마지막에 놓기

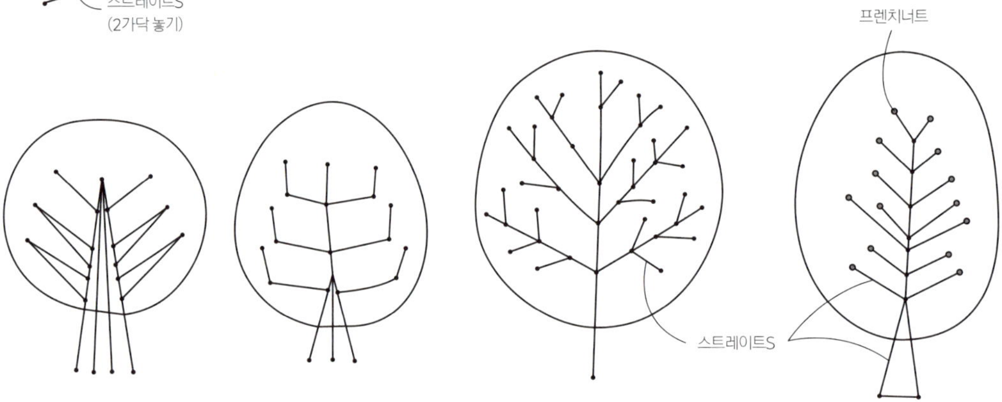

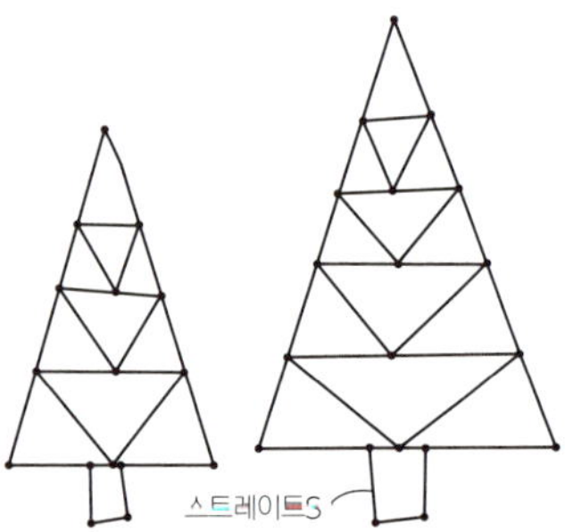

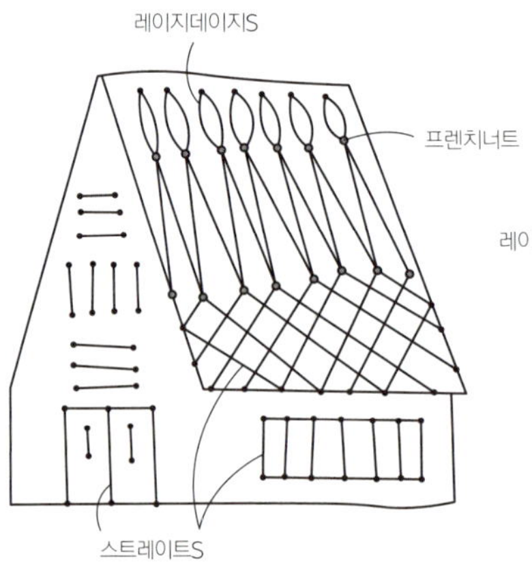

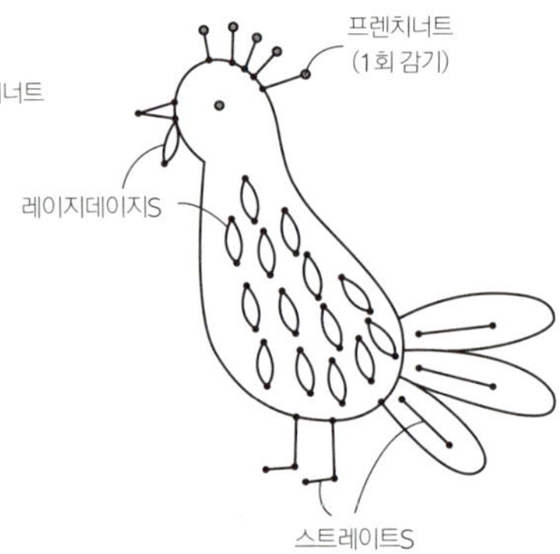

북유럽의 여름 PHOTO > p.25

자수실

검은색(600)
노란색(298)
녹색(320)
흰색(100)

수놓는 법

- 지정된 것 외에는 2가닥 놓기
- 지정된 것 외에는 백S
- 펠트를 겹치는 방법은 p.48 참고

천

초록색 면

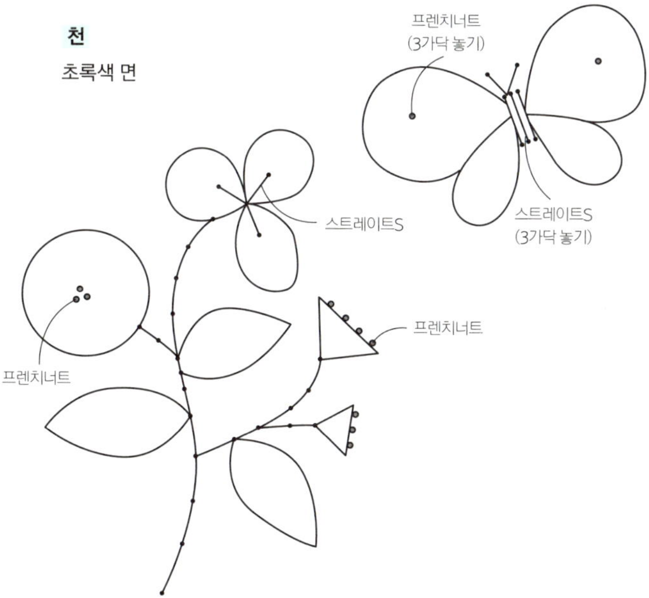

그 밖의 재료

펠트 … 적당량

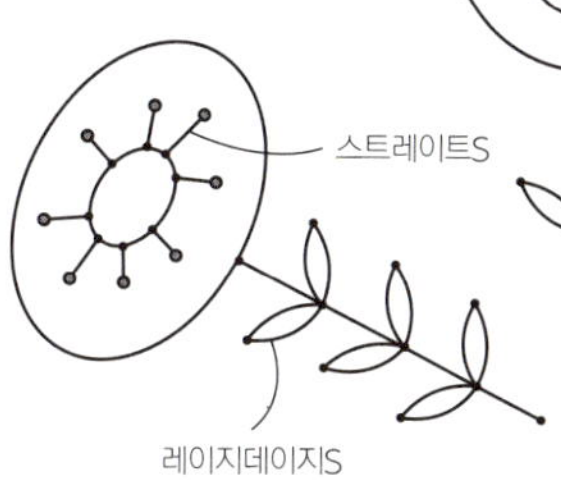

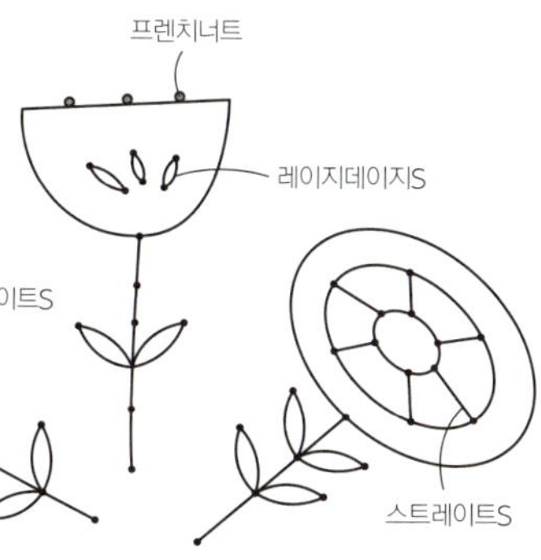

식물 모티프의 공상 도감 1번 PHOTO > p.22

자수실

흰색(100)
녹색(899)
차콜(895)

종이

아페리오 크림

그 밖의 재료

색종이 … 적당량

수놓는 법

- 모두 2가닥 놓기
- 지정된 것 외에는 백S
- 종이를 겹치는 방법은 p.48 참고
- 프렌치너트는 마지막에 놓기

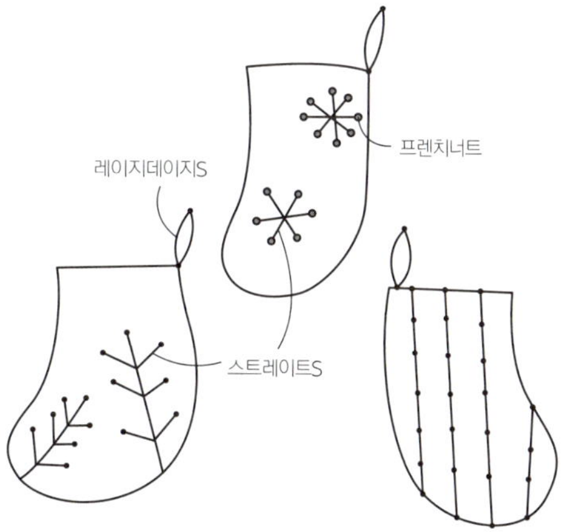

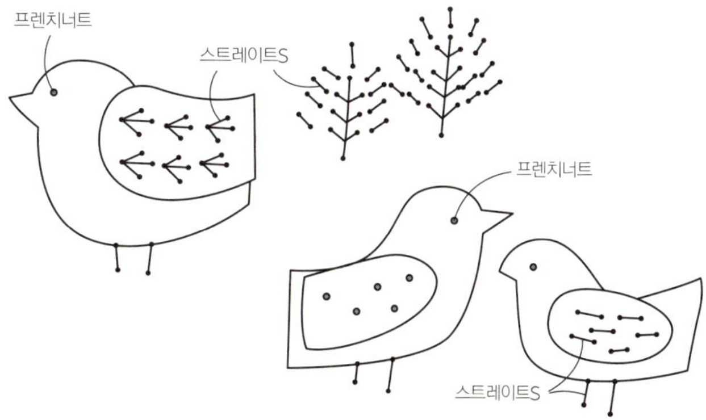

원포인트 모티프 코스터 PHOTO > p.26, 27

자수실

파란색(375)
흰색(100)
검은색(600)

그 밖의 재료

시판 종이 코스터

수놓는 법

- 모두 2가닥 놓기
- 지정된 것 외에는 백S
- 프렌치너트는 마지막에 놓기

a

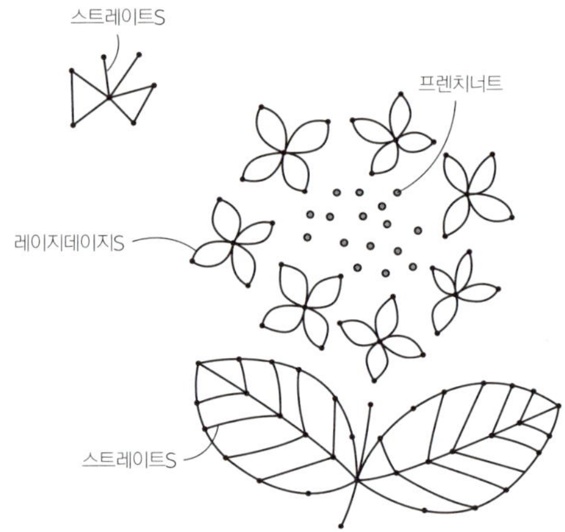

b

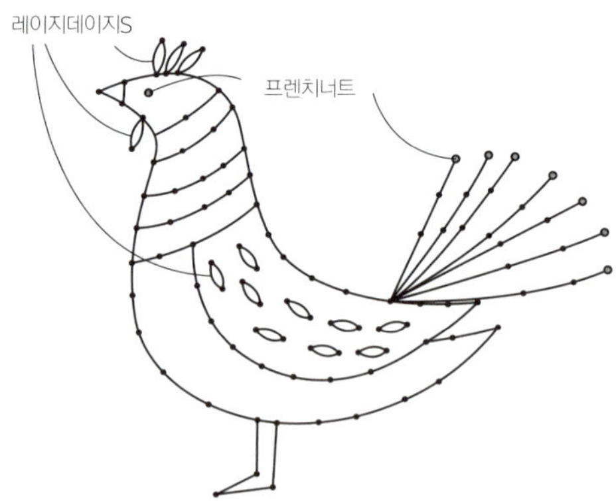

c

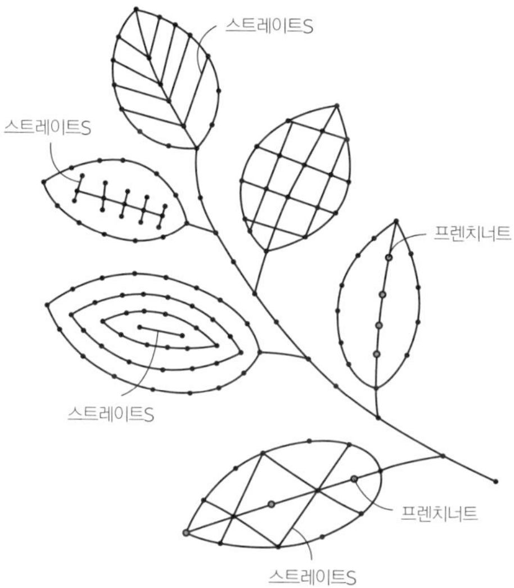
스트레이트S
스트레이트S
프렌치너트
스트레이트S
프렌치너트
스트레이트S

d

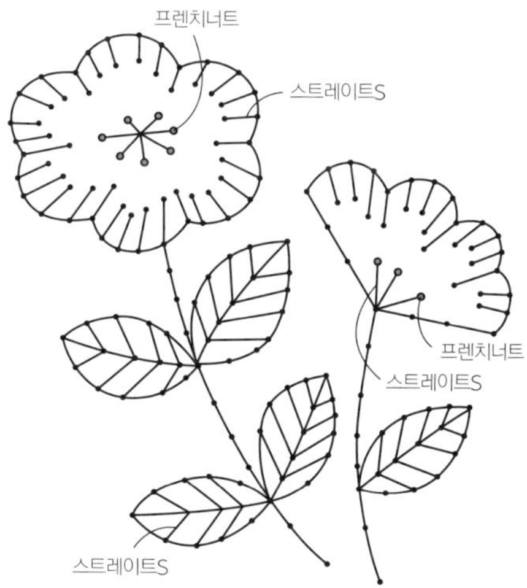
프렌치너트
스트레이트S
프렌치너트
스트레이트S
스트레이트S

e

스트레이트S
레이지데이지S
프렌치너트

여름 휴가 PHOTO > p.28

자수실

차콜(895)
핑크색(105)
흰색(100)
옅은 핑크색(111)
녹색(899)

종이

탄트 P-67(하늘색)

수놓는 법

- 모두 2가닥 놓기
- 지정된 것 외에는 백S

티타임 PHOTO > p.29

자수실

녹색(899)
노란색(1000)
핑크색(105)
차콜(895)

종이

a 머메이드 옅은 청녹색
b 아페리오 크림
c NT 라샤 청회색

수놓는 법

- 지정된 것 외에는 2가닥 놓기
- 테두리와 숫자는 백S, 그 외에는 스트레이트S

만드는 방법의 포인트

- 핑킹가위를 사용해 주위를 잘라 완성

a

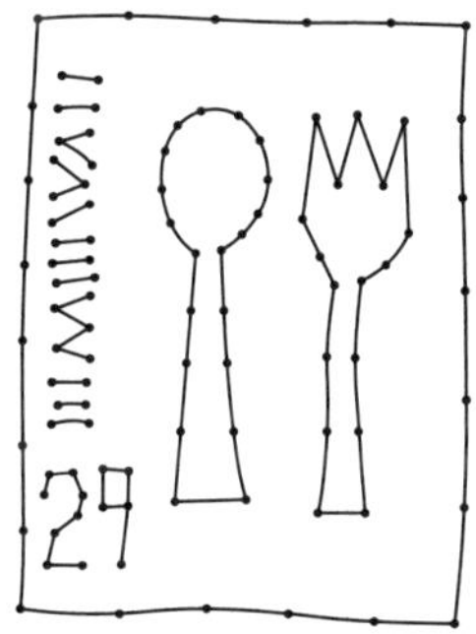

b

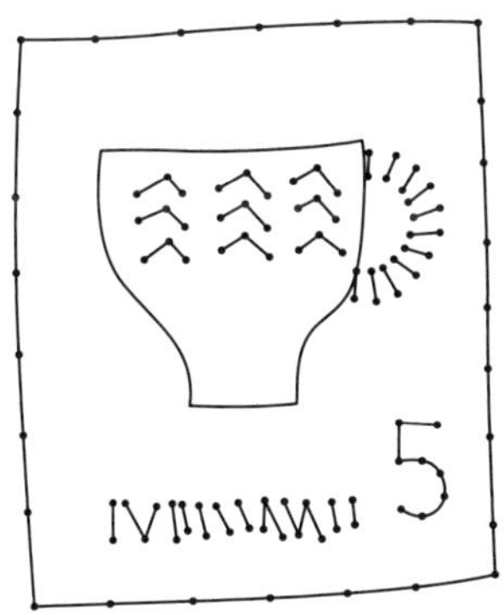

c

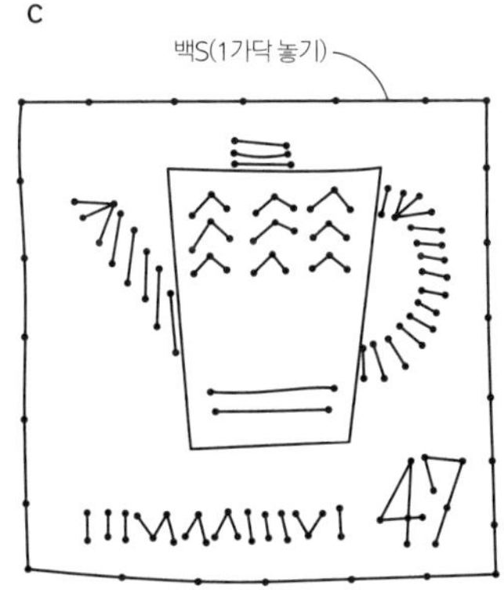

꽃과 레이스 연속패턴 PHOTO > p.30, 31

자수실

흰색(100)
파란색(166)
하늘색(2212)

종이

NT 라샤 둔한 하늘색

수놓는 법

- e의 꽃만 3가닥 놓기, 그 외에는 모두 2가닥 놓기
- 지정된 것 외에는 백S
- b와 c의 프렌치너트는 마지막에 놓기

편지 봉투에 스티치 PHOTO > p.31

자수실

위
검은색(600)
옅은 하늘색(410A)

아래
회색(152A)
크림색(681)

그 밖의 재료

시판 봉투

수놓는 법

- 모두 2가닥 놓기
- 지정된 것 외에는 백S
- 프렌치너트는 마지막에 놓기

ADVICE for Paper Stitch

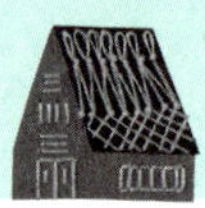

종이 자수에서 가장 조심해야 할 것은 종이에 바늘을 찌르는 방식입니다. 스티치 구멍을 뚫고 1땀씩 찌르기 때문에 천과는 다르게 계속해서 찌를 수가 없습니다. 표면, 뒷면, 표면, 뒷면 … 처럼 종이를 교차해서 뒤집으면서 작업을 하나씩 진행합니다. 종이가 크면 클수록 찌르기가 어려워지고 찌르는 도중에 구겨지거나 꺾이기 쉬우므로 주의해야 합니다. 깔끔하게 완성하기 위해서는 엽서 크기보다 조금 작게 잘라서 수놓는 것을 추천합니다. 또 두께가 너무 두꺼우면 찌르기가 어렵고 너무 얇으면 뒷면을 지나는 실이 비쳐 보입니다. 만드는 방법 페이지에는 종이의 이름도 적어 두었으나, 구하기 쉬운 재료를 사용해 수를 놓아봅시다.

a

b

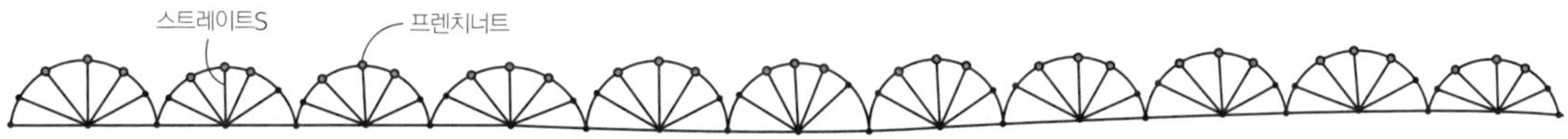

c

d

e

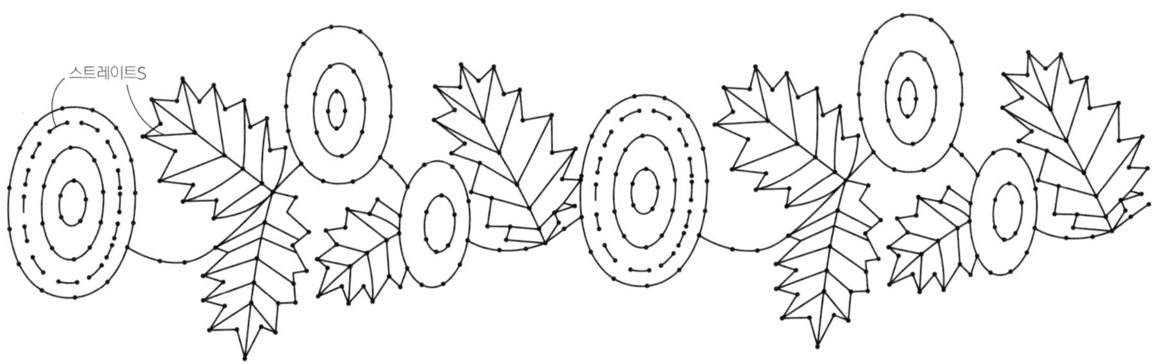

야생화 PHOTO > p.32, 33

자수실

흰색(100)
파란색(164)
녹색(2319)

수놓는 법

- 지정된 것 외에는 2가닥 놓기
- 지정된 것 외에는 백S
- 프렌치너트는 모두 4가닥 놓기(2회 감기)
- 프렌치너트는 마지막에 놓기

종이

지방 종이 풀색

그 밖의 재료

글라신지

수첩 PHOTO > p.33

자수실

회색(2154)
흰색(100)

그 밖의 재료

시판 수첩

수놓는 법

- 모두 2가닥 놓기
- 지정된 것 외에는 백S

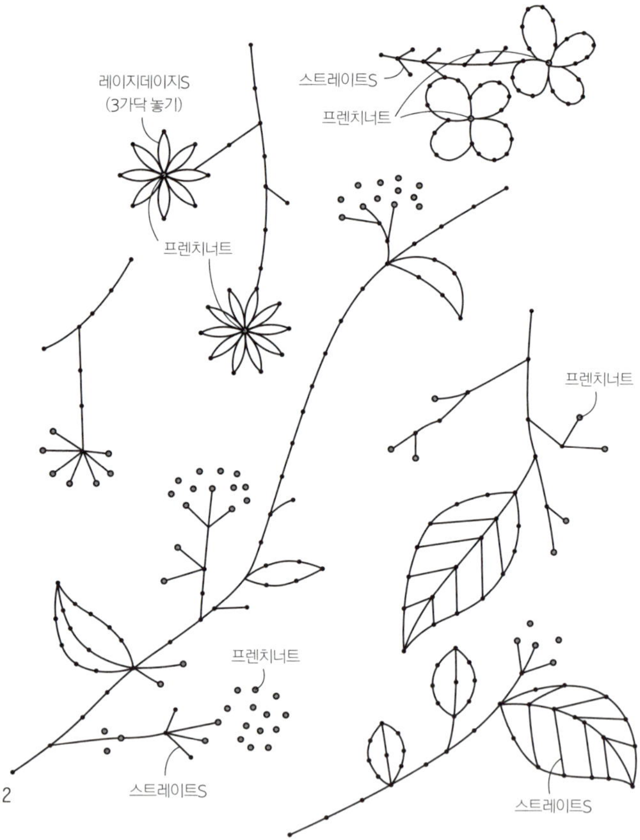

책갈피 PHOTO > p.33

자수실

녹색(636)
노란색(324)

종이

GA-잔물결

수놓는 법

- 프렌치너트는 4가닥 놓기, 그 외에는 2가닥 놓기
- 지정된 것 외에는 백S
- 프렌치너트는 마지막에 놓기

식물 모티프의 공상 도감 5번 PHOTO > p.22

자수실

녹색(899)
흰색(100)
핑크색(835)

종이

NT 라샤 청회색

수놓는 법

- 지정된 것 외에는 2가닥 놓기
- 지정된 것 외에는 백S
- 프렌치너트는 모두 4가닥 놓기(2회 감기)
- 프렌치너트는 마지막에 놓기

허브 가든 PHOTO > p.38,39

자수실

a
녹색(2535)
차콜(895)
노란색(700)
베이지색(366)
보라색(554)

b
빨간색(2241)
회색(152A)

종이

a 그문드 캐시미어 - FS 눈
b 색상지 수국

수놓는 법

- 모두 2가닥 놓기
- 지정된 것 외에는 백S
- 프렌치너트는 마지막에 놓기

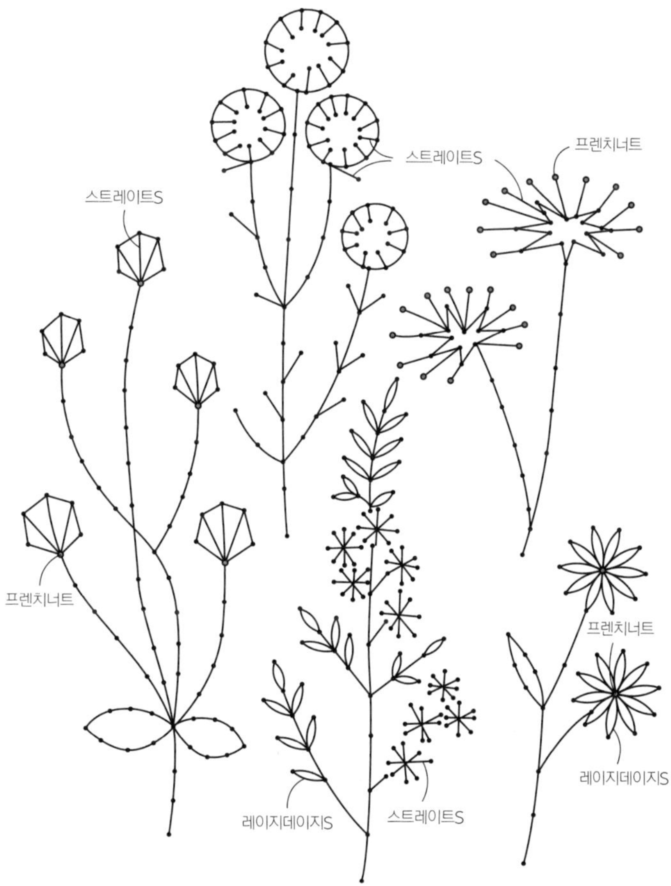

라벨과 태그 PHOTO > p.34,35

자수실

a~d
검은색(600)
노란색(702)
녹색(2102)
회색(152A)
남색(169)

e
베이지색(771)
빨간색(106)
남색(169)

f
주황색(145)
남색(169)
녹색(2120)

종이

a · d 머메이드 짙은 파랑
b · c 퍼스트 빈티지 캐시미어
e 하이체크 하얀색
f 아레잔 - FS 아보카도

수놓는 법

- a는 모두 3가닥 놓기
- b는 글자는 3가닥 놓기, 새는 1가닥 놓기, 노란색은 3가닥 놓기, 그 외에 2가닥 놓기
- c · e · f는 모두 2가닥 놓기
- d는 지정된 것 외에는 3가닥 놓기
- 지정된 것 외에는 백S
- 프렌치너트는 마지막에 놓기

a

b

c

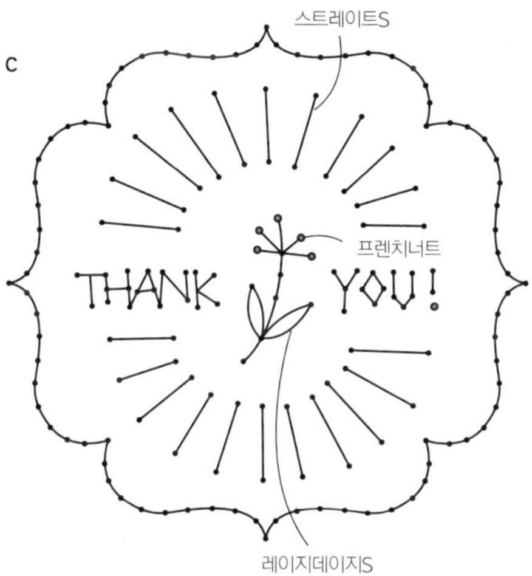
스트레이트S
THANK YOU!
프렌치너트
레이지데이지S

d

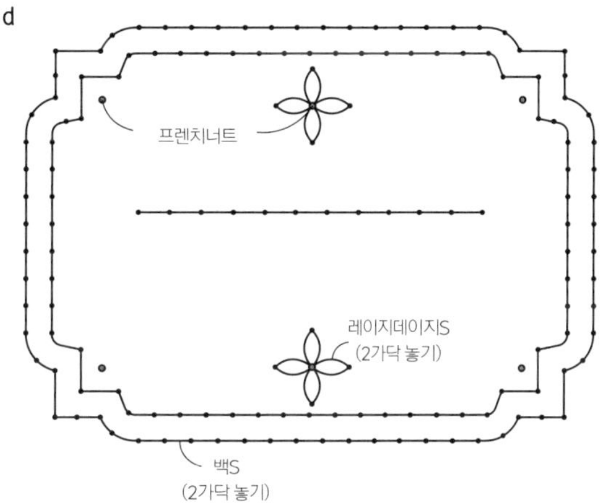
프렌치너트
레이지데이지S
(2가닥 놓기)
백S
(2가닥 놓기)

e

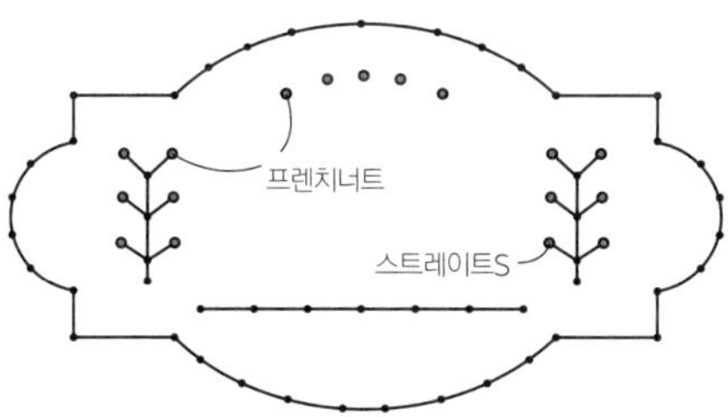
프렌치너트
스트레이트S

f

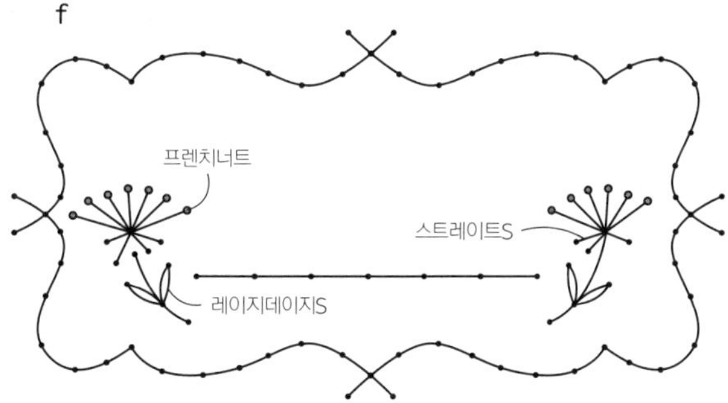
프렌치너트
스트레이트S
레이지데이지S

그리팅 카드 a PHOTO > p.36

자수실

빨간색(800)
회색(152A)
파란색(375)
주황색(145)

종이

NT 라샤 짙은 하늘색

수놓는 법

- 모두 2가닥 놓기
- 지정된 것 외에는 백S
- 줄기 → 잎 → 꽃 순서로 수놓기
- 프렌치너트는 마지막에 놓기

식물 모티프의 공상 도감 4번
PHOTO > p.22

자수실

흰색(100)
핑크색(835)
회색(2154)

종이

머메이드 연어색

수놓는 법

- 모두 3가닥 놓기
- 지정된 것 외에는 백S
- 프렌치너트는 마지막에 놓기

a

그리팅 카드 b PHOTO > p.37

자수실

녹색(2535)
흰색(100)
검은색(600)

종이

탄트 셀렉트 TS-10 S-3(다크 그레이)

수놓는 법

- 모두 3가닥 놓기
- 지정된 것 외에는 백S
- 줄기와 가지 → 잎 → 꽃과 열매 순으로 수놓는다
- 프렌치너트는 마지막에 놓는다

b

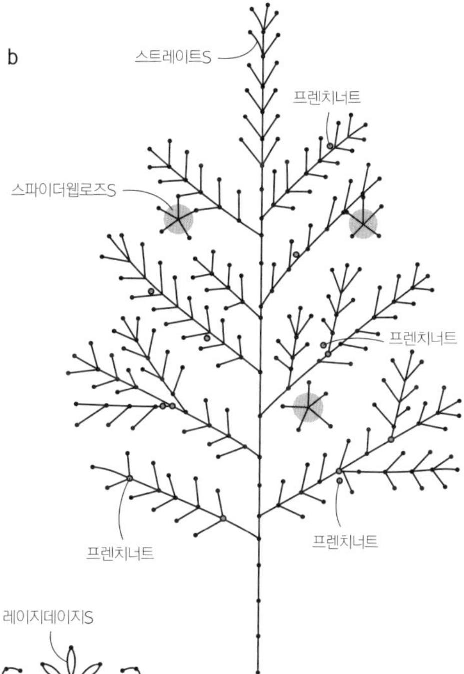

그리팅 카드 c PHOTO > p.37

자수실

흰색(100)
검은색(600)

종이

머메이드 노란색

수놓는 법

- 검은색은 1가닥 놓기, 흰색은 2가닥 놓기
- 지정된 것 외에는 백S
- 프렌치너트는 마지막에 놓기

c

일상을 귀엽게,
생활 자수 & 소품

초판 1쇄 인쇄 | 2020년 8월 18일
초판 1쇄 발행 | 2020년 8월 25일

지은이 | 가와바타 안나
옮긴이 | 정인애
감수 | 김예원
발행인 | 윤호권 · 박헌용
책임편집 | 정인경 · 강경선

발행처 | (주)시공사
출판등록 | 1989년 5월 10일(제3-248호)

주소 | 서울특별시 서초구 사임당로 82(우편번호 06641)
전화 | 편집 (02)3487-2814 · 영업 (02)2046-2800
팩스 | 편집 (02)585-1755 · 영업 (02)588-0835

ISBN 979-11-6579-165-0 13590

미호는 아름답고 기분 좋은 책을 만드는 ㈜시공사의 실용 브랜드입니다.

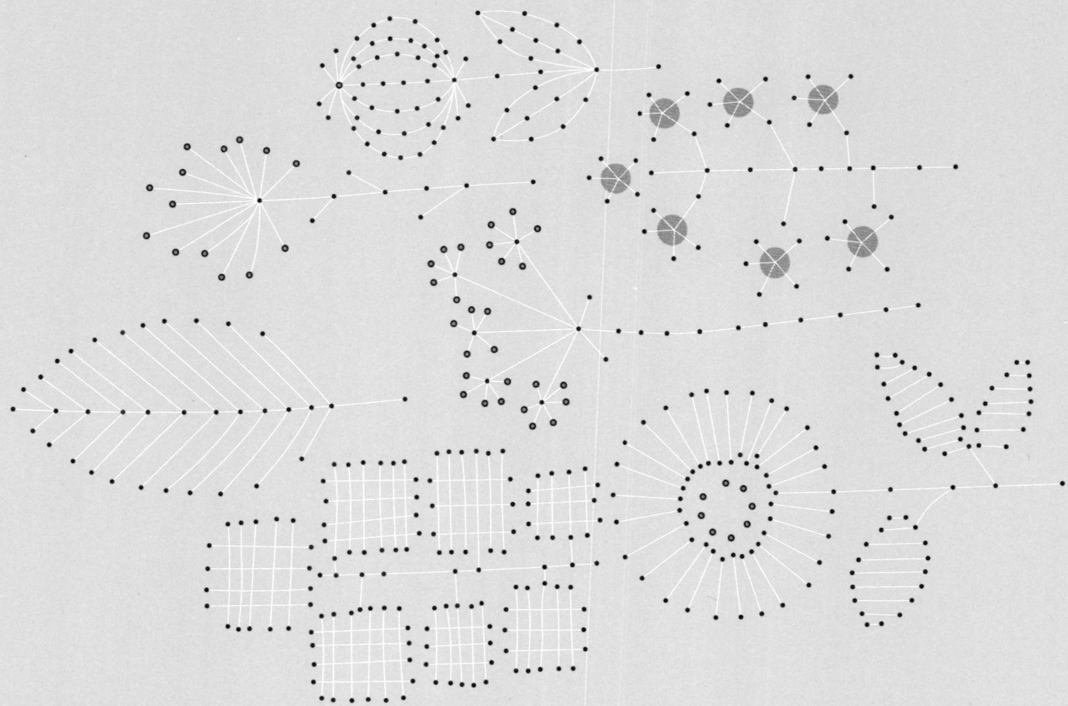

잘라서 사용하는 실물 도안

여기에 실린 실물 도안은 잘라서 그대로 도안을 옮기거나 직접 자수를 놓아 카드로 사용할 수 있게 인쇄되어 있습니다. 작품 만들기에 꼭 도움이 되면 좋겠습니다.

p.16 **보태니컬 모티프의 샘플러**

HOW TO MAKE > p.59

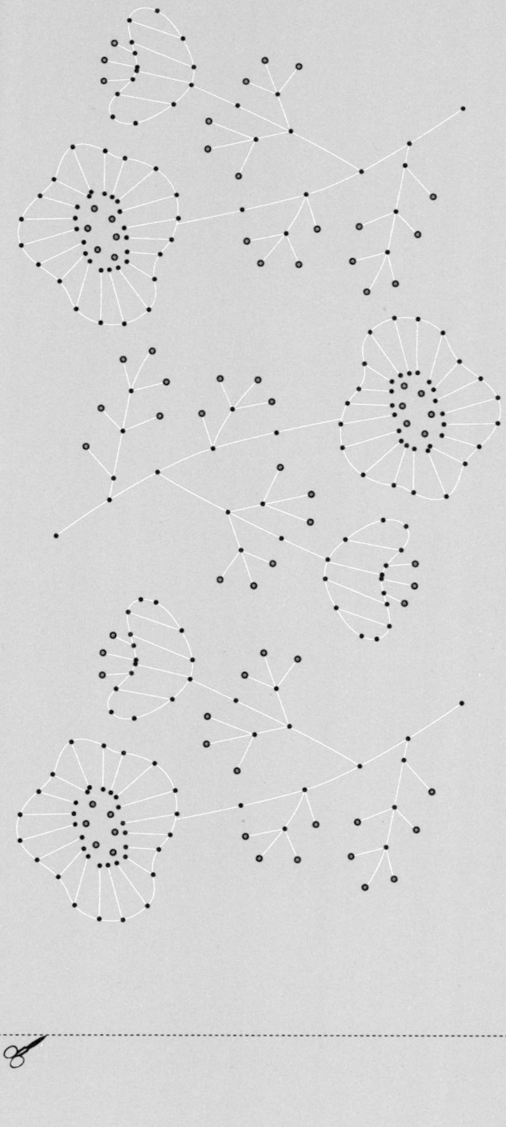

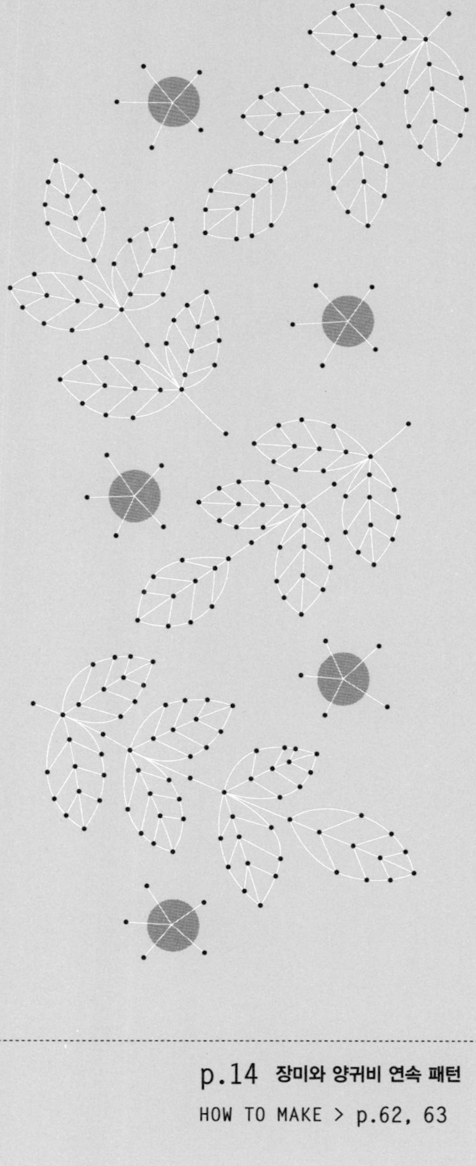

p.14 장미와 양귀비 연속 패턴

HOW TO MAKE > p.62, 63

p.20 초여름의 리스

HOW TO MAKE > p.66

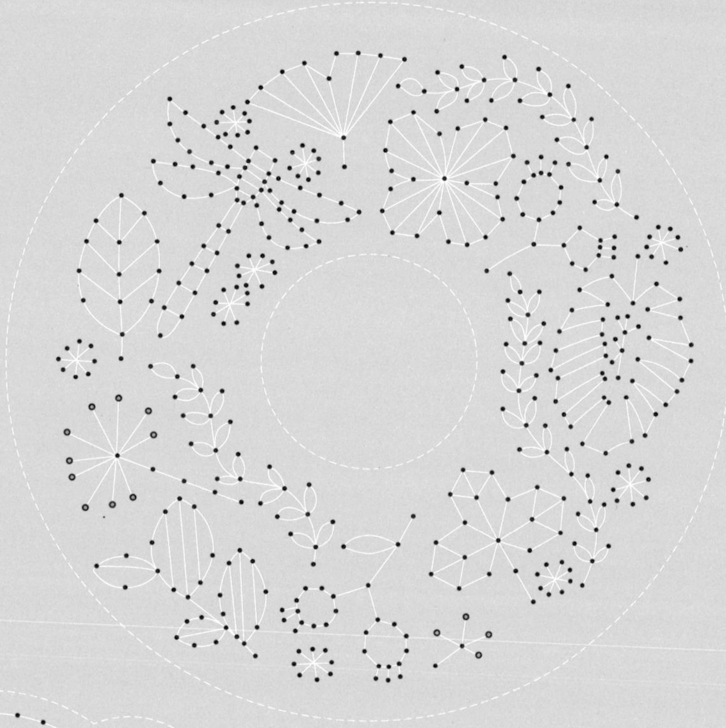

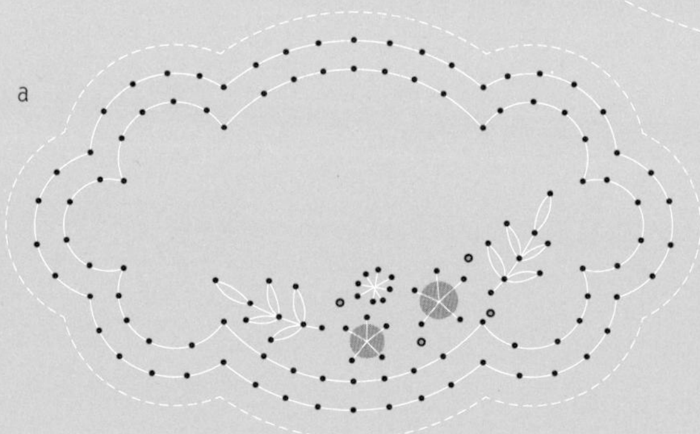

a

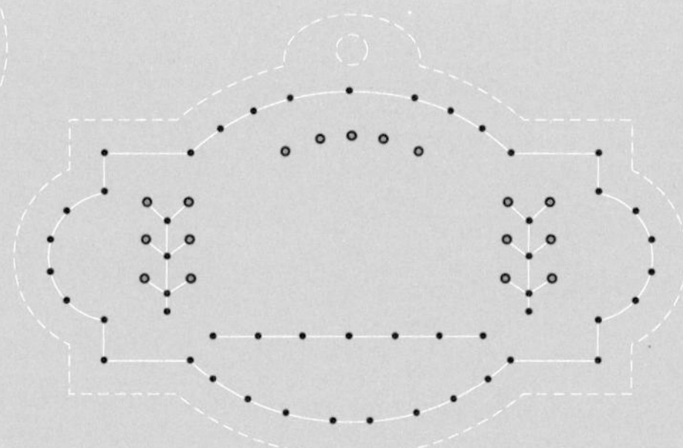

e

p.34 라벨과 태그

HOW TO MAKE > p.78, 79

d

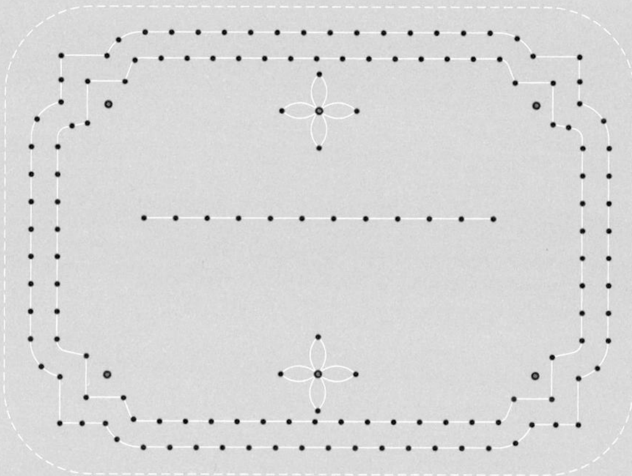

c

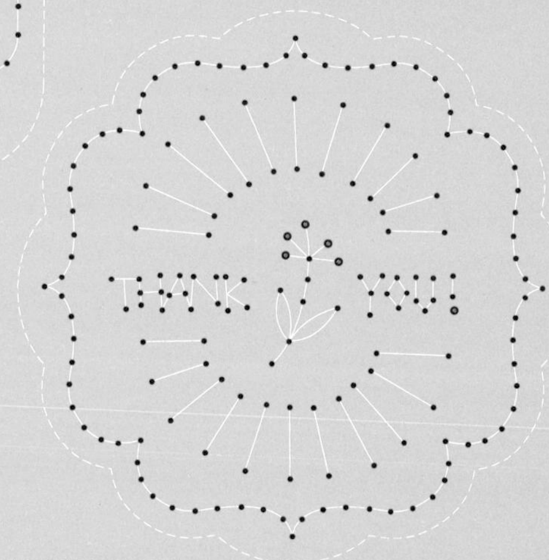

f

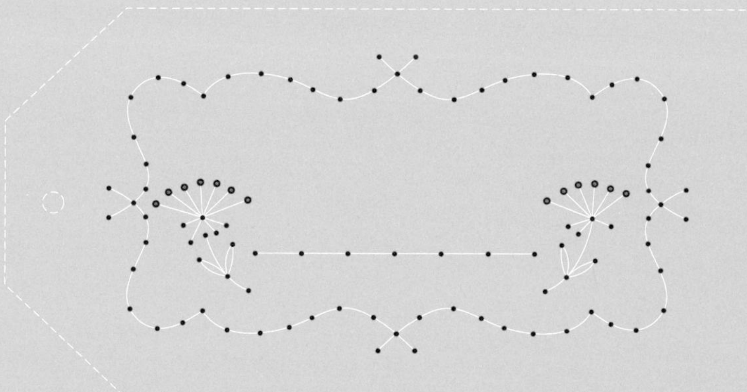

p.34 라벨과 태그

HOW TO MAKE > p.78, 79

p.34 라벨과 태그

HOW TO MAKE > p.78, 79

b

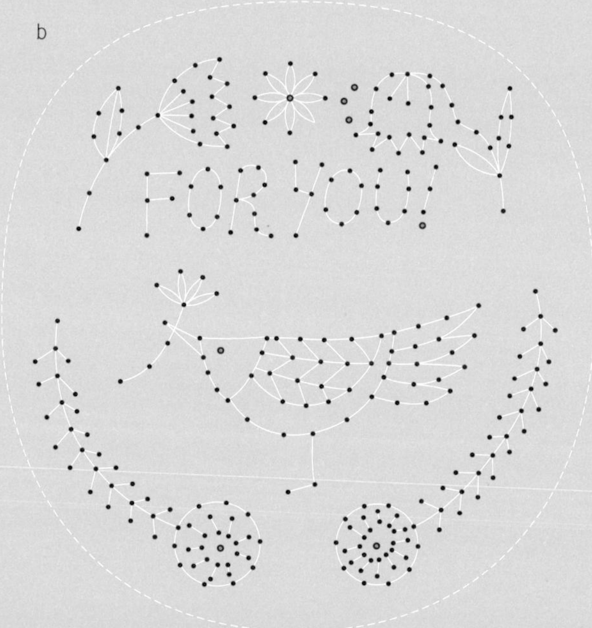

*자유롭게 잘라서 사용하세요

p.22 식물 모티프의 공상 도감2・3

HOW TO MAKE > p.67

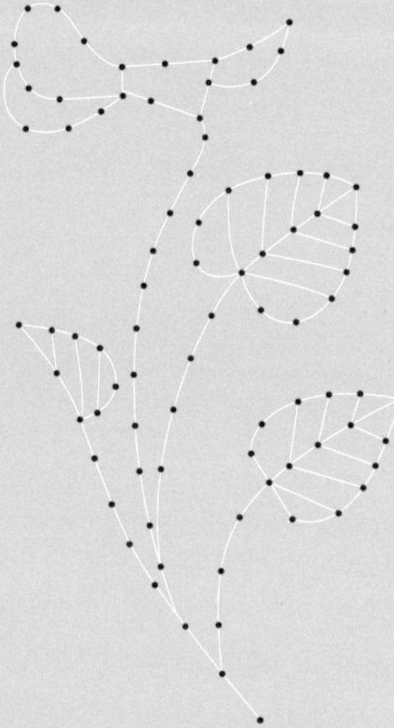

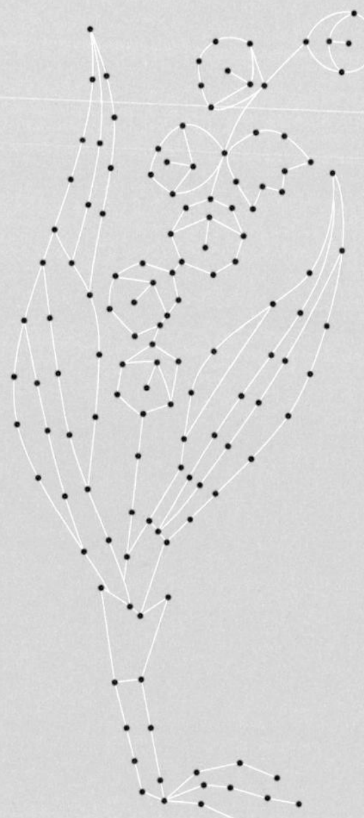

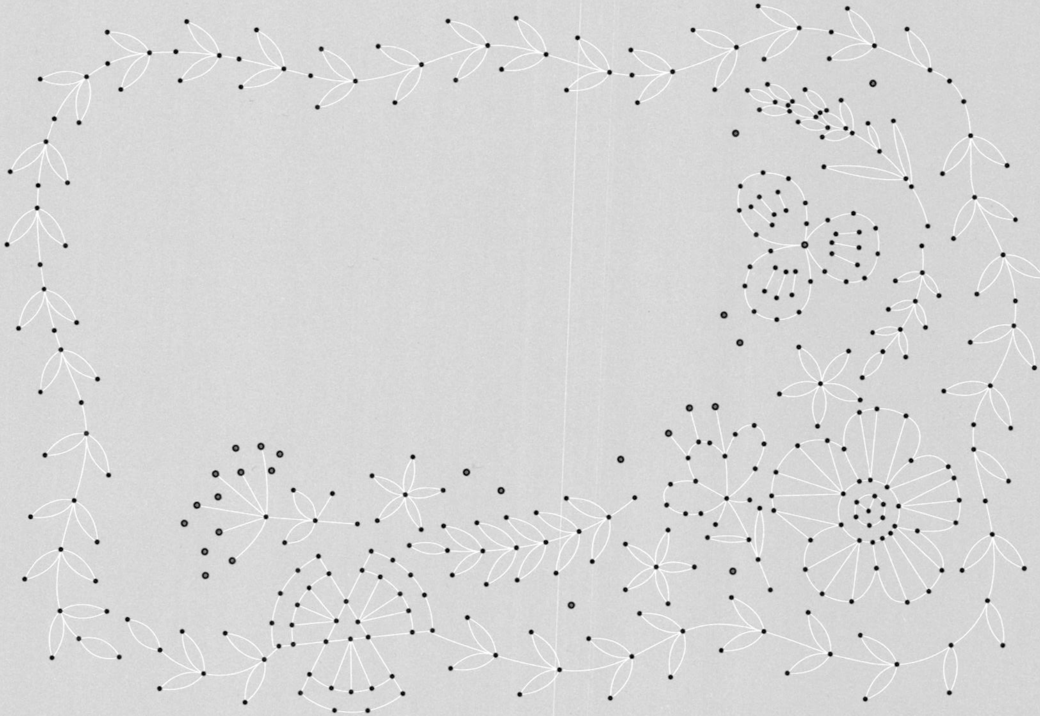

a

p.36 그리팅 카드

HOW TO MAKE > p.80

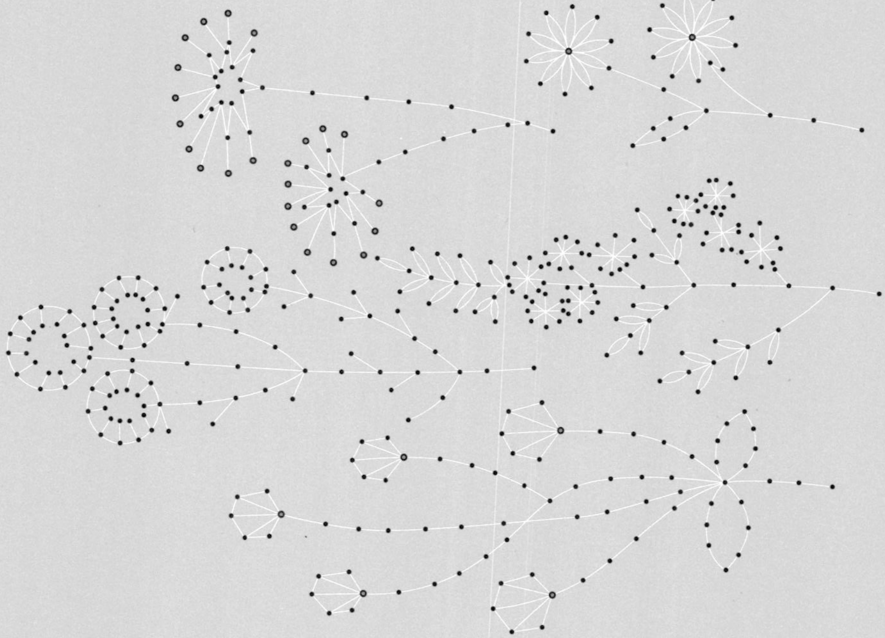

p.38 허브 가든

HOW TO MAKE > p.77